本书为国家自然科学基金项目"信息通讯技术与企业生产率：理论机制、实现路径与微观证据"（71963017）、中国博士科学面上项目一等资助"ICT与制造业增长转型研究：基于库存与绿色生产的视角"（2018M640601）的阶段性研究成果

经济管理学术文库·管理类

跨产业升级、战略转型与企业竞争力提升研究
——基于科技型企业的案例

Research on Cross-industry Upgrading, Strategic Transformation and Enterprise Competitiveness Promotion
—Based on the Case of Science and Technology Enterprises

何小钢／著

图书在版编目（CIP）数据

跨产业升级、战略转型与企业竞争力提升研究/何小钢著 .—北京：经济管理出版社，2019.7

ISBN 978-7-5096-6716-3

Ⅰ.①跨… Ⅱ.①何… Ⅲ.①企业竞争—市场竞争—研究—中国 Ⅳ.①F279.2

中国版本图书馆 CIP 数据核字（2019）第 137182 号

组稿编辑：张巧梅
责任编辑：张巧梅
责任印制：黄章平
责任校对：赵天宇

出版发行：经济管理出版社
（北京市海淀区北蜂窝 8 号中雅大厦 A 座 11 层　100038）
网　　址：www.E-mp.com.cn
电　　话：（010）51915602
印　　刷：北京晨旭印刷厂
经　　销：新华书店
开　　本：720mm×1000mm/16
印　　张：12
字　　数：139 千字
版　　次：2019 年 12 月第 1 版　2019 年 12 月第 1 次印刷
书　　号：ISBN 978-7-5096-6716-3
定　　价：78.00 元

·版权所有　翻印必究·

凡购本社图书，如有印装错误，由本社读者服务部负责调换。
联系地址：北京阜外月坛北小街 2 号
电话：（010）68022974　邮编：100836

目　录

第1章　导论 ·· 1

  1.1　选题背景及研究意义 ························ 1

    1.1.1　选题背景 ······························ 1

    1.1.2　研究意义 ······························ 3

  1.2　研究方法与逻辑框架 ························ 4

    1.2.1　研究方法 ······························ 4

    1.2.2　全书研究逻辑框架 ···················· 5

  1.3　全书各章节内容安排 ························ 5

  1.4　本书的主要创新 ···························· 6

第2章　文献综述 ···································· 8

  2.1　多元化战略的定义 ·························· 9

  2.2　多元化、跨产业转型的动因 ················ 10

    2.2.1　委托代理 ······························ 12

    2.2.2　资源基础 ······························ 13

    2.2.3　市场势力 ······························ 15

2.2.4 制度基础 ………………………………………………… 15
   2.2.5 政府政策 ………………………………………………… 17
  2.3 多元化战略与企业绩效 …………………………………………… 19
   2.3.1 多元化与绩效正相关 ……………………………………… 19
   2.3.2 多元化与绩效负相关 ……………………………………… 20
   2.3.3 多元化与绩效不显著相关 ………………………………… 21
  2.4 多元化类型与公司绩效 …………………………………………… 22
   2.4.1 相关多元化企业的绩效优于非相关多元化
       企业的绩效 ………………………………………………… 22
   2.4.2 相关多元化企业的绩效并不优于非相关
       多元化企业的绩效 ………………………………………… 24
  2.5 制造业服务化转型与绩效 ………………………………………… 25
   2.5.1 制造业服务化的内涵与动力机制 ………………………… 25
   2.5.2 制造业服务化与产业转型升级 …………………………… 28
   2.5.3 制造业服务化与企业绩效 ………………………………… 29
  2.6 文献评述 …………………………………………………………… 32

第3章 多元化转型的困境：基于调研企业的思考 ……………………… 34
  3.1 宏杨科技股份企业类型与业务发展简介 ………………………… 34
   3.1.1 信息系统集成与服务 ……………………………………… 35
   3.1.2 建筑智能化 ………………………………………………… 36
   3.1.3 软件与服务 ………………………………………………… 36
   3.1.4 信息系统运维服务 ………………………………………… 37
  3.2 宏杨科技股份主营业务架构详解 ………………………………… 37

3.3 宏杨科技财务状况与业务发展趋势 ·············· 45
3.4 宏杨科技主营业务特点与存在的问题 ············ 49
   3.4.1 业务发展总体战略不清晰 ·············· 51
   3.4.2 以短期盈利为目的的业务类型占主导 ········ 52
   3.4.3 业务之间的相关性差缺乏战略性互动 ········ 52
   3.4.4 业务发展前瞻性不足 ················ 53
3.5 发展遇困境与转型思考 ·················· 53

第4章 多元化与细分行业的专业化聚焦：双案例研究 ······ 57
4.1 泰豪科技起源与发展历程 ················ 57
4.2 经营战略转变 ····················· 60
   4.2.1 总体发展战略转型 ················· 60
   4.2.2 行业发展转型 ··················· 65
   4.2.3 战略转型路径 ··················· 66
4.3 东软集团起源与发展历程 ················ 69
   4.3.1 东软集团起源与重大发展事件 ············ 69
   4.3.2 东软发展历程 ··················· 70
4.4 东软发展战略转型 ··················· 72
   4.4.1 总体发展战略转型 ················· 72
   4.4.2 行业发展转型 ··················· 76
   4.4.3 转型路径 ····················· 78
4.5 本章小结 ······················· 87

第5章 核心资源、跨产业升级与企业绩效 ··········· 89
5.1 引言 ························· 89

5.2 已有文献研究脉络与本章视角 …………………………………… 91

5.3 研究架构与理论分析 ……………………………………………… 95

　　5.3.1 案例选择与数据搜集 ………………………………………… 95

　　5.3.2 研究框架与理论分析 ………………………………………… 96

5.4 案例研究与分析 …………………………………………………… 98

　　5.4.1 三个案例企业基本概况 ……………………………………… 98

　　5.4.2 制度环境变迁 ………………………………………………… 101

　　5.4.3 核心资源、动态能力演变 …………………………………… 102

　　5.4.4 跨产业升级路径与升级绩效 ………………………………… 106

5.5 本章小结 …………………………………………………………… 112

　　5.5.1 本章小结 ……………………………………………………… 112

　　5.5.2 政策建议 ……………………………………………………… 115

第6章 跨产业升级、战略转型与企业竞争力提升 …………………… 118

6.1 问题提出 …………………………………………………………… 118

6.2 已有研究脉络与本章研究视角 …………………………………… 121

　　6.2.1 跨产业升级及其绩效 ………………………………………… 121

　　6.2.2 企业战略、组织响应与绩效 ………………………………… 123

　　6.2.3 文献评述与本章视角 ………………………………………… 125

6.3 研究架构与理论分析 ……………………………………………… 126

　　6.3.1 案例选择与数据搜集 ………………………………………… 126

　　6.3.2 研究框架与理论分析 ………………………………………… 128

6.4 案例研究与分析 …………………………………………………… 131

　　6.4.1 案例企业基本概况 …………………………………………… 131

  6.4.2 跨产业升级与产业链攀升 ……………………… 131
  6.4.3 战略转型与组织响应 …………………………… 135
  6.4.4 转型绩效 ………………………………………… 139
 6.5 本章小结 …………………………………………………… 143
  6.5.1 本章小结 ………………………………………… 143
  6.5.2 政策建议 ………………………………………… 146

第7章 结论、政策含义与研究展望 ……………………………… 147

 7.1 研究结论 …………………………………………………… 147
  7.1.1 跨产业转型与组织响应 ………………………… 153
  7.1.2 核心资源与跨产业转型 ………………………… 155
 7.2 政策含义 …………………………………………………… 158
 7.3 局限与研究展望 …………………………………………… 163

参考文献 …………………………………………………………… 165

第1章 导论

1.1 选题背景及研究意义

1.1.1 选题背景

当前,跨界竞争成为常态,我们正处于一个各行业持续横纵整合与渗透的转型时代,多元化、跨产业已成为中国企业盛行的转型升级路径和方式。企业的多元化战略理论最早孕生于20世纪60年代,并一度成为欧美企业发展壮大的首选战略。从20世纪70年代的数十年以来,欧美学术圈形成了有关多元化选择理论的基本研究范式:"战略选择动因—多元化战略—企业绩效(企业竞争力)"。伴随着中国企业的不断成长、壮大,加上中国特有的市场分割等制度性特征,20世纪90年代中国企业开始逐步探索多元化战略。

21世纪以来,随着互联网、大数据、物联网、人工智能等新兴信息通信技术的发展。传统以硬件起家的科技企业逐步由传统的硬件贸易、硬件集成与硬件制造不断地向软件化、服务化转型，使行业之间的联系增多、边界日益模糊。行业融合产生了许多跨产业的技术创新和业务交叉（毛蕴诗和王华，2008；毛蕴诗，2012），形成了许多新产品、新行业与新的增长点。制造业服务化趋势日益明显，跨产业转型成为诸多企业战略的首选。这种转型战略在高新技术行业、信息产业中显得越来越重要，比如信息产业的 Intel、IBM 和 Microsoft 等公司都是通过跨产业升级形成新产品系列进而进入新产业、新市场（毛蕴诗和郑奇志，2012）。然而，战略性的转型不是一蹴而就的，由于缺乏核心能力、缺少组织转型匹配以及宏观环境等诸多因素的限制，现实中很多中小型科技企业转型不顺，甚至陷入发展困局。

另外，不少行业领先的科技型信息企业凭借多年积累的核心资源和竞争优势，并借助资本市场力量实现资源并购整合，有力地推动了跨产业的商业模式转型，形成了系统化、规模化、集群化发展态势。这些企业通过转型不断地挤压传统企业的市场份额，一方面对中小型科技企业形成了严重的冲击和挑战，另一方面也给中小型企业提供了可能的突破路径。

然而，与欧美发达国家处于不同的制度环境与产业发展环境，发展中国家企业的跨产业转型战略能否取得成功却仍是个未知数，也鲜有文献讨论，值得进一步研究和探索。研究者发现，后发国家的企业一般能比较顺利地实现产品升级和过程升级，但却很难实现跨产业升级（Giuliani，2005）。但是，跨产业转型战略又是后发国家企业提升其在全球价值链中地位的关键路径（Kaplinsky and Morris，2002；Humphrey and Schmitz，2002），对于中国企业突破全球价值链低端锁定、实现价值链攀升具有重要意义。

1.1.2 研究意义

以 IT 硬件贸易和制造起家的传统科技企业在经历了 20 多年的快速发展后，正面临着前所未有的挑战和发展困境。针对当前互联网经济与新兴信息技术对传统 IT 企业形成的挑战，传统科技企业是沿着传统路径继续发展还是逐步进行战略调整并扩展到相关行业进行多元化经营？与战略调整相对应的，企业组织如何适应战略变化进而提升企业竞争力？

本书基于调研企业的研究，透析中小型企业普遍面临的转型困境。通过对泰豪、东软等案例比较，力图系统地分析与总结中国典型科技型企业的业务发展、商业模式、技术特征等演进特征，从中窥见一些规律。更为重要的是，本书通过对上市 IT 企业发展战略、转型路径的比较研究，给中国广大中小型科技型企业的发展战略转型提供参考和借鉴。进一步地，针对中国本土科技企业跨产业升级过程中的"结构追随战略"问题提出了对策建议，对于推动本土企业实现高质量增长具有一定的实际指导意义，对新时期科技型企业管理者执行战略转型决策具有一定的参考应用价值。在政府和企业两个层面针对中国本土科技企业跨产业升级提出了对策建议，为新时期政府引导科技企业转型提供了政策思路。

1.2 研究方法与逻辑框架

1.2.1 研究方法

本书采用规范分析与理论分析两种研究方法,同时通过案例研究方法讨论跨产业转型的路径、过程。总体上讲,本书主体包括一个基于实地调研的案例研究,三个以上市公司为主的双案例比较研究、跨案例研究以及单案例研究。规范分析方面,主要是结合现有文献和理论分析企业在跨产业转型过程中核心资源、组织架构转型的作用,借助已有理论并结合典型案例具体实践抽象、提炼形成发展中国家企业跨产业转型的相关理论模型。案例分析方面,基于调研企业分析当前中小型企业普遍面临的战略转型困境、形成原因和可能的突破路径;基于上市IT企业剖析跨产业战略转型的成功经验,以及核心资源、组织结构转型在跨产业转型战略中如何有效地塑造、提升企业竞争力。最后,基于上述理论与案例的研究得出一些对政府和企业有益的政策启示。

1.2.2 全书研究逻辑框架

本书研究逻辑框架如图 1-1 所示。

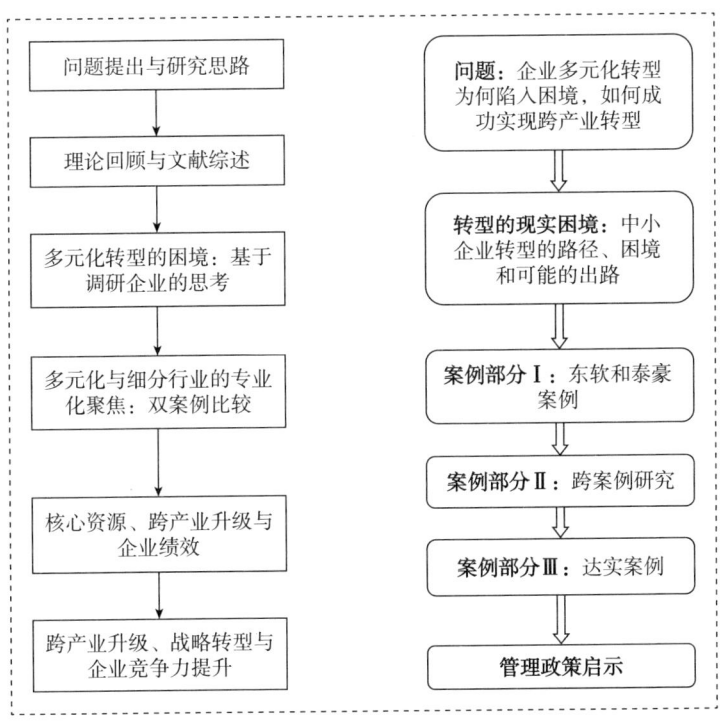

图 1-1 本书研究逻辑框架

1.3 全书各章节内容安排

第 1 章为导论，主要介绍研究的背景、意义、研究逻辑框架，以及全书各章节的安排和本书的创新和不足之处。

第2章为文献综述，重点对多元化、跨产业转型进行综述，同时综述制造业服务化的相关文献。

第3章为多元化转型的困境：基于调研企业的思考，分析笔者实地调研的科技型企业转型路径、成效以及遇到的困境，考察中国中小型科技企业普遍面临的问题，并为随后几章的展开提供问题索引。

第4章为多元化与细分行业的专业化聚焦：双案例研究，以泰豪科技、东软集团为例研究典型科技企业在多元化扩张的过程中在细分行业的专业化聚焦，并形成竞争力的发展案例。

第5章为核心资源、跨产业升级与企业绩效，构建跨产业升级模型，揭示核心资源、动态能力与跨产业升级的互动关系，并且选取汉鼎、延华与银江3家内销型科技企业进行跨案例分析。

第6章为跨产业升级、战略转型与企业竞争力提升，以深圳达实智能作为案例，揭示了"结构追随战略"的互动过程及其对企业竞争力与升级绩效的影响。

第7章为结论、政策含义与研究展望，阐述全书总体研究结论，并提出管理启示与政策建议。

1.4 本书的主要创新

本书的主要创新、贡献有如下三点：①本书对中国当前科技型企业多元化战略过程、绩效以及困境进行了梳理，从跨产业的视角提出了相应的分析方法，为理解中国科技企业转型升级提供了新思路。

②系统描述了中国本土典型内销型科技企业跨产业升级的过程与机制，揭示了核心资源与动态能力在转型过程中的互动关系与重要作用，企业通过依托核心技术和资源，在并购整合中不断培育动态能力才能克服转型阻力，成功实现战略转型（Karimi and Walter，2015）；同时系统描述了中国本土典型内销型科技企业跨产业升级的过程与机制，分析了其转型战略所导致的组织响应行为，以及对企业绩效、竞争优势的影响，有利于更好地理解中国本土企业跨产业转型进程与特征。③基于理论与案例经验，提出了新兴经济体中本土企业基于核心资源发展动态能力成功实现战略转型的一个系统框架，这一框架对于理解发展中国家企业跨产业升级现象大有裨益（毛蕴诗等，2016）；同时提出了新兴经济体中本土企业动态调整组织响应能力成功实现战略转型的一个系统框架。这一框架将宏观视角与微观行为结合起来，提炼出"渐进式战略转型与动态组织架构响应"模式，清晰地刻画了跨产业转型与组织响应的动态性，对于打开新兴经济体中的"战略转型与组织响应的黑箱"大有裨益（冯米等，2012；冯米等，2014；毛蕴诗等，2016）。

第 2 章　文献综述

面对激烈的外部市场竞争环境，企业面临专业化、多元化、专业化与多元化相结合等多种发展战略的选择。其中，专业化战略的选择往往需要更为先进的技术、更强的风险承担能力作为依托（强大资本的抗风险能力为后盾）。改革开放至今，虽然中国政府通过各种方式努力引导和激励企业提升技术创新水平，但是企业的技术提升速度仍然难以满足专业化发展的要求；大量的文献研究显示，中国企业选择多元化战略可以降低风险，但对企业经济效益的作用不明确。这一方面从中国企业的战略选择现实格局层面印证了中国企业在目前技术水平低下的境况下只能通过外延的方式，即多元化战略的方式实现转型升级；另一方面也表明了中国企业选择多元化战略往往只是出于过渡时期应对外部市场变化的目的。但长期而言，企业的最佳选择仍然是逐步实现从多元化发展模式向专业化或者多元化与专业化相结合的发展模式转变。此外，中国普遍存在的政企关联、地区市场分割及市场扭曲等诸多外部因素也驱使着更多的中国企业选择多元化战略（张敏和黄继承，2009；杨京京和蓝海林，2012）。在以上内部因素和外部因素的共同驱动下，中国企业便自然地呈现出高度多元化的发展现状。

2.1 多元化战略的定义

多元化经营战略又称为多角化、多样化经营，国内外学者对于其含义并没有一个一致的理解。因此，国内外学者根据不同的研究目的，从不同的角度进行定义。多元化经营战略的定义最早由 Ansoff（1957）提出，他从企业成长战略的角度对企业多元化经营进行了定义，指出企业在成长中，向新市场销售新产品就属于多元化经营。其后的相关研究多数都基于 Ansoff 的思路对多元化的定义作了进一步细化和深入。Penrose（1959）提出，多元化是企业基于对现有产品生产线进行保留的情况下，对其生产活动进行扩展，同时生产一些新的产品。Gort（1962）将企业多元化经营定义为单个企业服务的异质市场数量的增加，并进一步指出生产活动的异质性如果仅仅涉及有些差异的同类产品或垂直结合方式，并不是多元化。因此多元化的含义是一个企业所活动的行业数目的增加。Chandler（1962）通过对美国企业的成长阶段及组织结构进行了分析，提出了结构跟随策略，公司策略必将决定其结构的著名论断。Rumelt（1974）则是将多元化看作一种战略的概念并将其定义为：企业本身具有多元化的性质，通过结合有限的多元化实力、技能和目标，与原来活动相关联的活动方式表现出来的战略。日本学者小野丰广（1984）在其专著《日本企业战略和结构》中指出："如果一个企业产品的用途有限，那么这个企业就是一个专业化企业；如果一个企业产品的用途多种多样，那么这个企业就是一个多元化企业。"

我国不少学者也对企业多元化战略进行了相关研究。刘冀生（1995）认为，"简单地从行业角度定义多元化有范围过窄的缺点，而从产品角度定义多元化又会产生概念模糊，应该从产品的基本经济用途角度界定多元化"。尹义省（1999）则认为，随着经济发展和企业组织结构的变迁，企业多元化的内涵早已超出原来的含义。他分别从静态与动态两个角度对多元化进行了定义，前者指一种企业经营业务分布于多个产业的状态，强调的是一种经营方式；后者指一种进入新的产业的行为，即成长行为。芮明杰（2000）从企业核心能力的角度出发，指出多元化经营是企业在相关或非相关的多个领域中进行经营的一种长期经营方略和思路，目的是扩张规模、赢取市场、获得效益。毛蕴诗（2004）将企业多元化战略分为行业多元化和地域多元化，其中行业多元化是指企业提供的产品和服务涉及两个及以上的行业领域，地域多元化是指企业通过水平或垂直一体化的方式在不同地域的子市场进行扩张。

2.2 多元化、跨产业转型的动因

有关企业进行多元化战略选择的研究，起源于美国战略管理之父安索夫。安索夫在其研究过程中总结了企业成长的四种基本方向，即在现有市场内生增长、开发新市场、开发新产品和多元化（Ansoff, 1957），并将此四点高度概括为日后闻名于世的"产品—市场矩阵"。

20世纪90年代初,国内学者开始研究中国企业的多元化问题,尹义省出版的《适度多角化——企业成长与业务重组》一书,被认为是国内第一部研究多元化战略的书籍,其中提出的多角化熵测度的量化方法,在研究中国企业多元化战略中被广泛使用。目前,中国企业多元化战略的研究主要围绕多元化动因及多元化战略成效两个角度进行,但是国内的学界对于企业选择多元化战略的动因还未建立系统性的理论分析框架,并且对于企业多元化战略实施成效的研究也尚未形成足够完整而极具说服力的论断体系,而与此同时,中国经济体制所固有的特征性不足在其经济迅猛增长了数十载之后逐渐凸显,正迫使着中国企业在面临复杂外部市场,选择发展模式的时候做出新的考虑,进而对其后续的发展绩效、风险程度及其他维度的企业指标产生不同类型、不同程度的影响。基于以上研究现状以及赋予现有理论补充和完善的必然要求,有必要对转型背景下中国企业多元化战略选择问题做一个综合性的理论梳理。为此,本章首先对企业多元化战略的概念进行阐述,在此基础上,从企业多元化战略动因和战略实施成效两个维度出发对已有的关于中国企业多元化战略选择的文献进行概括综述,进而提出相应的研究展望。

企业多元化战略的动因是促使企业选择多元化战略的因素,也可以理解为企业选择多元化战略的原因。对于处于转型经济背景下的中国而言,其企业选择多元化战略的动因具有普遍性,同时由于中国所固有的市场分割和政企关联等特征,其企业选择多元化战略的动因又具有特殊性。总的来看,现有文献大多从委托代理、资源基础、市场势力、制度基础和政府政策五个角度来研究企业多元化战略动因。

2.2.1 委托代理

从委托代理理论的观点来看，委托人与代理人的效用函数不一致影响了企业战略行动的选择。但是理论界从委托代理理论出发研究企业多元化问题存在两种截然不同的观点。Jensen 和 Meckling（1976）、Jensen 等（1986）研究认为，股东和管理者具有不同的效用函数，在经营权和管理权分离的情况下，企业管理者会倾向于采取背离股东实现自身效用最大化的生产经营方式。进一步地，Amihud 和 Lev（1981）认为，公司股权的分散使得股东无法对管理者进行有效的监督，管理者可以按照自身利益诉求进行多元化投资和经营，扩大公司规模，从而为自己获得更多的代理收益。持以上观点的学者一致认为，作为代理人的企业管理者会为了增加自身的报酬而倾向于实施多元化战略。而另一批学者则对上述观点提出了质疑，Mingfang 和 Simerly（1998）认为，代理问题的形成受公司内、外环境的共同影响，并且 Shaw 等（2000）的研究也指出，股东与管理者之间可以形成相互信任的关系。因此，忽略企业外部环境而单纯从代理问题本身所固有的监督失灵和利益冲突角度来判断委托代理关系对企业实施多元化战略的影响，可能得出片面而不准确的结论。

部分国内学者也在中国转型经济背景下尝试从委托代理角度来研究中国企业选择多元化的动因。姜付秀（2006）指出，公司的高层管理者出于利益动机的考虑在不同程度上影响着中国企业多元化经营模式的选择。也有研究表明在监管到位（袁淳等，2010）或者股东与管理者之间相互信任（殷瑾和项保华，2001）的情况下，代理问题能够得到缓解，此时企业高级管理者会同时考虑自身利益与公司利益而采取相宜的多元化战略。同时，基于中国特殊的转型背景，学者们还在委托代理理论的框架下开辟了新的研究思路。中国从计划经济体制向市场经济体制的转型过程遗留和缔造了大量国有企业，时至今日，国内多数行业尤其是能源资源性行业仍然受国有企业的把控。国有企业所特有的治理机制与企业多元化战略之间的联系引发了许多学者的研究兴趣。徐春（2016）及绕茜等（2004）通过国有企业与非国有企业的对比研究得出，国有企业比非国有企业更偏好于多元化战略，造成这种现象的原因可能是国有企业内在的治理机制带来的委托代理问题引发了过度投资的问题。

2.2.2 资源基础

企业的资源配置是其实现诸多战略的基础，在很大程度上影响了企业的发展成长，因此大量学者从资源基础出发来剖析企业选择多元化战略的动因。企业实施多元化战略之前必须拥有一定的资源作为支持，所以企业的多元化选择受到企业自身资源的限制。Penrose（1959）最早运用资源基础说这一视角来解释企业进行跨行业经营的动机。Penrose认为，随着企业的不断成长，企业将逐渐积累资源和能力。在理性情况下，企业会充分利用已有的资源尤其是稀缺资源以获取更好的经济效益（Khanna和Palepu，1997）；在外部市场交易成本较高的情况下，企业会通过多元化内消已有资源，提高资源的利用率。Teece（1982）则在Penrose观点的基础上进一步研究发现，企业进行多元化经营的本质是希望通过多元化这一途径充分利用现有资源来实现"范围经济"。

在国外学者研究的基础上，国内学者也开始关注并探索企业的资源对企业多元化战略所产生的影响。姚铮和金列（2009）通过案例研究发现资源禀赋会驱动企业选择多元化战略。企业实施多元化战略要充分考虑企业的资源约束，实体资源的丰盈会支持企业无论相关与否的多元化战略成功实施，而实体资源的缺乏则会导致企业多元化业务的萎缩（车幼梅、龚小君，2006）。邹树梁等（2014）研究发现，实施多元化战略是资源持有企业的必然选择。除了关注资源对于企业多元化选择的影响，国内部分学者也关注了资源柔性对企业实施多元化战略的影响。资源柔性会影响企业多元化动因进而影响企业多元化行为（王栋、郭海，2006）。因此，在资源缺乏（尤其是目前能源资源缺乏）的情况下，企业可以通过提高资源柔性来有效应对市场风险，同时也可以把资源投入其他领域，以此实现资源的高效利用。

然而，企业实施多元化战略的实质是资源在不同行业间、相同行业的不同企业间以及同一产业链上处于不同位置的企业之间的再分配。对于身处转型经济背景下的中国来说，单纯分析实体资源禀赋对中国企业多元化战略选择的影响难以准确反映中国的特殊国情。中国是一个典型的"关系型社会"，企业所掌握的政治资源必然会对企业多元化战略的选择产生不可忽略的影响。巫景飞等（2008）及郑建明（2014）的研究显示，企业高层管理者的政治网络对于企业的多元化选择具有显著的促进作用。张敏和黄继承（2009）通过对比研究发现，政治关联型企业多元化程度要显著高于非政治关联型企业。胡旭阳和史晋川（2008）的研究表明，在中国转型经济背景下，民营企业是否拥有政治资源会显著影响民营企业的多元化程度和多元化战略的选择。

2.2.3 市场势力

传统只生产一种产品的企业只需要关注该种产品的经济效益,而对于生产多种产品并且在多个市场上进行销售的企业而言,其经营决策目标便是实现多种产品综合经济效益的最大化,而非仅仅考虑单种产品销售利润的最大化。持有市场势力的观点的学者认为,企业选择实施多元化战略是为了获取市场势力。与传统的垄断企业不同,多元化企业的市场势力不仅取决于其相对地位,同时也取决于其生产的多种产品在各市场中的地位(Edwards,1955)。在此基础之上,Bemheim 和 Winston(1990)提出了企业通过多元化战略获得市场势力的两种途径:横向补贴和共同克制。

针对转型经济背景下中国企业多元化战略与市场势力之间的联系,邹树梁(2014)基于市场势力说的观点通过中广核集团为例分析指出,多元化战略的实施可以为企业带来市场势力。黄泽永(2013)研究了 2007~2011 年国内 108 家商业银行多元化经营与其市场势力之间的关系,结果表明,不同规模商业银行的多元化与市场势力呈非线性关系,具体而言,大中型商业银行的多元化有助于提高其市场势力,而小型商业银行的多元化经营则对其市场势力没有显著影响。

2.2.4 制度基础

由于新兴国家与转型经济体在经济制度等各方面与发达国家存在显著差异,因此,学术界普遍采用制度基础说来解释转型经济或新兴经济国家的企业多元化问题。Chang 和 Hong（2000）、Guillen（2000）、Khanna 和 Palepu（2000）、Khannna 和 Rivkin（2001）以及 Peng（2003）研究指出，由于西方的研究成果是以完善的金融市场、资本市场、人才市场、产品市场及公司治理为背景，其结论可能并不适用于具有复杂市场环境，并且存在地区市场分割、政府干预等非正式制度的新型或转型经济国家。因此，在研究转型经济或新兴经济国家的企业多元化问题时，业界普遍都采用制度基础说来解释个中差异。持该观点的学者认为，正是外部市场机制的不完善致使企业更倾向于选择多元化战略。而对于身处转型经济背景下的中国而言，企业所面临的不完善的制度基础主要表现为市场机制不完善及地区市场存在分割。面对以上这些制度性不足，近年来许多学者对转型经济背景下中国企业多元化发展的战略动因理论做出了新的扩展，以期给出一个更加符合中国国情的合理诠释。

　　从市场制度和基础角度来看，一方面，由于处在转型时期的中国市场机制在某些方面存在缺位，从而使得企业的管理者有机可乘。张雷（2008）利用熵值法和赫芬达尔指数法分析得出，制度基础对企业的多元化经营有着显著的影响，在市场监督不完善的情况下，流通股比例较高的企业存在严重的内部人员控制问题，企业管理者自由度较大，有从事多元化的强烈动机。另一方面，转型经济背景下市场机制的不完善使得企业通过外部市场配置资源的成本较高。在这种情况下，企业管理者更会倾向于通过内部多元化来配置资源，以此弥补外部市场资源配置的低效率。刘明坤（2010）则通过对中国500强企业的实证研究证实了企业实施多元化战略可以弥补市场机制的不足。因此，在转型经济背景下，中国企业一般采取高度多元化的发展战略，以降低交易成本。特别地，中国普遍存的地区市场分割是当前市场机制不完善的一个重要体现，也是推动中国企业实施多元化战略的主要动因之一。当市场中存在地区分割的现象时，生产一种产品的企业很难满足各市场的整体需求，此时，企业往往会采取多元化战略以破除市场分割所带来的地区贸易壁垒。宋铁波（2013）研究指出，当地区市场存在分割时，具有不同优势的企业会充分利用自身的优势实施相宜的多元化战略。而杨京京和兰海林（2012）认为，在地区市场彼此分割的情况下，具有较高效率的企业会通过实施多元化战略打破地区保护主义的贸易壁垒，以追求更高的规模经济和范围经济。

2.2.5　政府政策

政府的税收政策和产业政策能直接影响相关企业的经营绩效，因此诸多研究从政府政策出发来研究企业多元化的动因。对欧美国家企业多元化战略的研究显示，政府政策对企业多元化的影响主要体现在反垄断政策和税收法律上。Ravenscraf（1995）等的研究显示，20世纪60年代美国实行的限制水平和垂直并购的《克莱顿法》导致了20世纪60年代至80年代混合多元化的盛行；Auerbach（1988）、Turk（1989）等的研究显示，美国税法与企业多元化之间存在相关关系。

对于转型经济背景下的中国而言，中国的《反垄断法》出台较晚，对企业多元化的影响尚不明显，因此目前尚无学者专门研究《反垄断法》对中国企业多元化战略选择的影响效应。然而，业界已有学者开始关注我国具有自然垄断或国有垄断性质的企业与其多元化绩效之间的关系。侯风云（2008）等研究发现，多元化经营对于具有垄断性质的企业而言利大于弊。可以预见，在未来《反垄断法》对企业垂直或水平兼并产生影响时，《反垄断法》对于国内企业多元化影响的研究将会随之涌现。目前，中国政府政策对于企业多元化的影响主要体现在政府干预上。通过干预企业的日常生产经营，政府得以在很大程度上将自己的意愿转移给企业，为实现其自身目标创造了条件。有很多学者对政府干预与企业多元化之间的关系进行了研究，例如陈信元和黄俊（2007）、马忠和刘宇（2010）、袁玲和高巍婷（2011）等研究发现，在地方政府经济干预程度越高的地区，国有控股企业实施多元化战略的现象越明显；章卫东（2014）等指出，政府干预会导致国有企业过度投资，而多元化是国有企业过度投资的一种重要途径，进而得出政府干预会促使国有企业实施多元化战略；孙自愿（2015）等的研究发现，受政府干预程度越高的企业，资源配置中的无形资源越丰裕，且无形资源与企业的多元化程度呈显著的正相关关系；关键和李伟斌（2011）研究认为，随着政府干预主体由中央政府转变为地方政府，国有企业普遍承担了更多的政治性目标，从而更倾向于进行多元化发展；高燕燕（2016）等则将政府干预作为企业多元化并购影响企业风险的调节变量进行了实证研究发现，在政府干预这一调节变量的作用下，多元化并购对企业风险会有不同程度的正向影响。

从以往研究政府干预对于企业多元化影响效应的文献可见，无论从何种角度进行研究，结果均显示政府干预会促进企业进行多元化。地方政府之所以能够干预企业的经营行为，一方面是因为中国正处于市场经济的转轨时期，政府在很大程度上仍然具有干预企业的能力；另一方面是因为其有内在的动机。出于政绩考虑，为了发展当地经济，扩大财政收入，地方政府往往会通过对企业实施干预，引导企业进行多元化经营，拓展产品发展路线。以往有关企业多元化动因的研究大多建立在西方发达经济背景下，其结果可能不适用于转型经济背景下中国的企业。徐淑英和张志学（2005）研究提出，全球管理知识要在全新情境下针对具体情境的研究中获得，这就强调了须针对具体情境进行研究的重要性。对于处在转型经济中的国有企业来说，其多元化行为受到众多中国特有经济背景的影响，因而需要更有针对性、更系统地研究转型经济背景下中国国有企业"为什么要进行多元化"这一重要问题。

2.3 多元化战略与企业绩效

2.3.1 多元化与绩效正相关

Rhoades（1973）利用241家公司1958~1963年的数据进行了研究，结果发现专业化率与边际毛利率之间存在着正相关性。Cart（1977）用专业化率、产品数量以及熵指数衡量多元化程度，对374家财富500强公司进行了研究，其结果表明，样本公司的多元化程度与净资产收益率（ROE）之间呈现正相关关系。Khanna和Palepu（2000）通过对印度企业集团的财务绩效的研究，发现企业绩效和证券市场反应都在一定程度上随着多元化程度的提高而下降，但是当企业多元化程度很高时情况却正好相反。Fauver等（2003）通过对35个国家 8000 多家公司的研究得出，在新兴经济国家这种市场替代效果更好，并指出多元化成本与收益之间的此消彼长取决于所在国资本市场的完善程度、国际化水平以及法律制度。Gomes 和 Livdan（2004）从资源基础理论出发，分析多元化经营与企业内部特性的关系。研究结果显示，多元化可以减少交易成本，使资源在各个经营单元之间更有效地配置，从而提高企业价值。

苏冬蔚（2005）使用 2001~2002 年我国上市公司数据建立起我国上市公司多元化经营的相关数据库，通过不同方法衡量多元化程度和企业价值并检验两者的经验关系，发现我国上市公司存在显著的多元化溢价现象。余鹏翼（2004）结合代理成本假设，选取了 399 个最终样本并分析它们 1998~2002 年的财务信息，利用复回归模型，探讨多元化程度与公司绩效的关系。研究结果显示，公司绩效与公司的多元化程度同向变动，但多元化经营效益递减。即公司的多元化程度越高企业绩效越好，但公司中期绩效比短期绩效的显著性要差。

2.3.2 多元化与绩效负相关

Amit 和 Livnat（1989）的研究表明，实施多元化经营的公司的利润水平比没有多元化经营的公司低，当进行的是非相关多元化经营时尤其显著。Comment 和 Jarrell（1994）通过对 1978~1989 年相关数据的分析，发现多元化程度与企业股票的超额回报率负相关。Gant（1998）指出，在一定限度内，多元化经营可以提高企业绩效，但是超出这一限度之外，公司绩效将会随多元化程度的提高而下降。Line-tal（2005）以股价、托宾 Q 值和资产回报率衡量企业价值，发现多元化战略与绩效呈现显著负相关,而外部经济环境的上升阶段和下降阶段对结果会带来影响。Colak(2010)也发现了同样的结论,即多元化经营成果受外部经济环境影响。

我国学者张卫国、袁芳、陈宇以沪深两市1999年72家公司为样本,考察了企业多元化(程度和类型)与公司绩效(每股收益、净资产收益率、总资产收益率)的关系,结果显示:多元化战略的程度和类型会影响到企业的经济绩效,多元化程度越高的企业经济绩效越差;实施相关多元化战略企业的经济绩效普遍好于实施非相关多元化战略的企业。李玲和赵瑜纲(1998)运用主营业务利润比重衡量多元化程度,用托宾Q衡量企业绩效,得出我国1997年上市公司的多元化程度与绩效显著负相关的结论。雷良海和杜晓娟(2003)研究结果为随着多角化程度的上升,公司的盈利水平会下降,同时,主营业务的快速增长在一定程度上推动了公司多角化的发展,但多角化程度的上升会使公司净利润率下降。赵凤等(2012)从2008年到2009年的沪市上市公司中随机抽取了191个研究样本,同样得到了企业多元化程度(赫芬道尔指数)与企业绩效(托宾Q值)负相关。

2.3.3 多元化与绩效不显著相关

Gort(1962)第一个研究了多元化企业的获利性,他通过产业数量、专业化比率来衡量多元化的程度,分析了1947~1957年美国111家大公司的情况。分析结果显示,获利能力与多元化发展战略之间不存在显著相关性。由此开创了以数理统计分析为基础研究企业多元化经营的先河。Grinyer等(1980)对48家英国企业进行统计分析,结果显示多元化战略与公司绩效没有明显的关系。Raverscraft（1983）以1975年的258家公司为样本,用Herfindahl指数计量多元化程度,结果表明企业多元化程度与边际毛利率之间不存在显著的相关性。

刘力（1997）分析了1994~1995年上市公司中21家纺织企业和29家电器产业企业的财务数据,对它们的多元化经营状况与企业效益、公司价值之间的关系进行了分析,研究表明企业多元化经营与企业经营绩效和资产负债率之间基本上不存在显著关系。尹义省（1998）以1992年36家中国上市公司为样本进行的分析也得出多元化战略与公司绩效无显著相关性。马洪伟和蓝海林（2001）以1999年底前沪深两市所有工业类企业为样本,研究结果显示企业多元化程度与企业经营绩效之间无显著的关系。姚俊等（2004）以1999~2001年的593家上市公司为研究样本,采用熵指数法对多元化程度进行分类,发现多元化程度与股权回报率（ROE）没有显著的相关性。

2.4 多元化类型与公司绩效

2.4.1 相关多元化企业的绩效优于非相关多元化企业的绩效

在对企业业绩的影响方面,有许多研究表明相关多元化战略优于非相关多元化战略。Varadarajan和Ramanujam对25个重要行业中位居每个行业前十的企业进行多元化研究,他们以两位数和四位数产品种类分类法来区分多元化的类型。研究表明,总体而言,相关多元化企业的绩效优于非相关多元化企业的绩效,多元化水平的高低对企业绩效的好坏没有明显的影响。美国学者Palepu（1985）运用熵测度法来衡量企业的多元化程度。该方法运用总多元化程度、相关多元化程度和非相关多元化程度三个指标来衡量企业的多元化程度。他从食品行业中随机抽取了30家公司分别对它们进行了横向和纵向的研究。研究得出在横向方面,即某一年里,不同多元化程度企业的经营效益无显著差异;在纵向方面,从1973年到1979年,相关化程度高的企业比非相关化程度高的企业的收益成长性明显偏高。Palich、Cardinal和Miller（2000）综合了近30年有关多元化战略与企业绩效关系研究的成果,从中提取了三个截然不同的有关多元化战略与业绩关系的模型:线性关系、倒"U"形关系和中间关系。为了避免研究方法和样本的缺陷,三位学者使用55篇前人文章里已经分析过的数据来实证研究这三个模型。研究结果显示,业绩与多元化战略之间呈倒"U"形的关系,即当企业从单一业务型向相关多元化型转变时,企业的业绩随之增加;当企业从相关多元化型向非相关多元化型转变时,企业的业绩随之递减。

我国学者对此也得出了相同的研究结论。徐康宁（1999）认为,多元化经营是企业扩展规模、成为大企业的重要、合理的途径之一。他还发现,在中国上市公司中,突出主营业务,把握适度多角化经营的企业比较容易取得较好的经营业绩;而淡化主营业务,盲目实施多元化战略的企业,其经营业绩都不是很理想。最后,作者提出应将产业关联度作为企业选择多角化战略的重要标准。杨雷、洪元义以沪市

264家生产性上市企业的业务经营、投资动态及财务数据为基础，分析了企业多元化经营同企业经营绩效的关系，研究发现企业绩效和多元化程度负相关，相关多元化与主导业务型两类企业的绩效最好，非相关多元化不能提高企业的效益。李敬（2002）在其《多元化战略》一书中，采取 Rumelt（1974）的分类方法并且结合业务数量方法对1997年中国105家上市公司进行了实证研究，研究结果表明：从整体上看，我国企业的多元化经营水平与企业的绩效呈显著负相关关系；不同多元化类型企业的绩效不同。实施一体化相关业务型、一体化主导型多元化的企业和单一业务型的企业绩效最好，实施不相关主导业务型和不相关业务型多元化企业的绩效最差。

2.4.2 相关多元化企业的绩效并不优于非相关多元化企业的绩效

Grant 和 Jammine（1988）在研究英国大型制造企业后，认为相关多元化战略并不优于非相关多元化战略。他们以英国305家大型制造企业1972~1984年的经营情况为样本，研究了不同的多元化战略与企业间营利性差异的关系。两位学者的研究结论主要有以下两点：①多元化企业比非多元化企业的收益要好。②相关多元化企业的业绩与非相关多元化企业的业绩之间没有显著的差别。Michel 和 Shaked 研究认为，非相关多元化战略优于相关多元化战略。他们在对51家财富500强公司1975~1981年的股价表现的研究中发现，进行非相关多元化的公司要比那些基本上进行相关多元化的公司获得的绩效表现好。

朱江（1999）对我国146家上市公司1997年的年报进行了实证研

究，发现多元化程度与企业业绩没有显著的因果关系，但多元化企业的经营风险较低。马洪伟和蓝海林（2001）以在沪深两市上市的644家工业类上市公司为样本，研究了我国工业企业多元化程度与绩效的关系。其研究结果表明，我国多元化经营企业的比例较低，而且业务之间的相关性较弱。企业的多元化程度与企业经营绩效之间不存在显著的相关关系。刘锦和陈志辉（2004）选取了中国227家上市公司作为样本，通过统计分析研究多元化战略、相关性与企业绩效三者之间的关系。研究表明中国企业规模和绩效显著正相关，相关多元化程度与绩效负相关，多元化程度和绩效间关系近似符合中间态模型：在一定范围内，进行多元化战略可以提高经营业绩，但当多元化水平超过一定程度后，这种贡献就不明显了。

2.5 制造业服务化转型与绩效

2.5.1 制造业服务化的内涵与动力机制

2.5.1.1 制造业服务化内涵

制造业服务化的内涵包括目前学术界对于"制造业服务化"的两个层次的划分所包含的内容：一种把目光聚焦于"作为制造业投入的服务"，另一种则关注"作为制造业产出的服务"。"作为制造业投入的服务"是指产品制造过程中所需的一系列服务。"作为制造业产出的服务",则是在产品基础上衍生出来的服务,制造商不仅提供产品或"产品+附加服务",而且提供一揽子的"产品—服务包",角色由产品提供者转变为服务提供者。

Vandermerwe 和 Rada（1988）首次提出"服务化"（Servitization），即制造业企业由提供单一的物品或物品与附加服务向提供产品—服务"包"（Bundles）转变，通过提供服务来实现产品增值。White 等（1999）认为服务化是企业由产品提供者逐渐转换为服务提供者，这是一个角色变换的动态过程。Reiskin 等（2000）将服务化定义为制造企业从以生产产品为中心转变为以提供服务为中心。Szalavetz（2003）对服务化的定义更加具体，认为制造业服务化（Tertiarization）有两层含义：一是内部服务效率的提升有利于培养企业在行业内强有力的竞争力，对企业而言，服务效率甚至超过了技术开发等传统因素的重要性；二是建立在产品基础之上的附加服务对消费者的重要性日益提高。

国内学者对于制造业服务化的研究起步较晚，郭跃进（1999）提出了制造业服务化这一概念，并指出这将是制造业企业寻求发展的一个重要趋势。他认为服务化是指企业在生产有形产品的基础上，根据消费者需求提供更多与产品相关的服务。同时，制造业服务化并不意味着企业实行以服务化为目标的多元化经营，而只是为适应新形势将这种服务进行延伸。刘继国和李江帆（2007）将制造业服务化分为投入服务化、业务服务化两个层次。投入服务化是指在生产产品的要素投入中，服务要素的投入占据着越来越重要的地位。业务服务化也称为产出服务化，是指制造业生产出的服务产品在其全部产出中占据着越来越重要的地位。孙林岩等（2007）认为制造业服务化是指"制造+服务"的先进生产模式。制造业服务化是为了实现产品价值增值和企业创新的一种途径，是"基于制造的服务"。企业通过提供附加服务，能有效地摆脱产品同质化的困扰，为企业创造竞争优势。周艳春（2010）立足于价值链理论，指出制造业服务化是指将价值链由以制造为中心转变为以服务为中心的动态过程。在这个过程中，企业往往以顾客需求为导向，并提供一套完善的问题解决方案。同时，她也提出"产品+服务"已经成为企业赢得差异化优势的源泉，有助于培养客户忠诚度，提高品牌价值。周大鹏（2010）认为，制造业服务化是在企业日常的投入和产出活动中，服务要素比重日益增加的一种变化趋势。徐振鑫（2016）在总结国内外研究成果的基础上，提出制造业服务化是指在现代信息技术的支撑下，制造业产品服务环节回归制造企业，推动制造业产业形态从产品型制造向服务型制造演变的过程。服务型制造是以满足消费者个性化需求为中心，以产品服务和物理产品为载体，集数据化、网络化、智能化生产方式于一体的高级产业形态。制造业服务化是促进制造业产业形态由产品型制造向服务型制造升级的有效途径，服务型制造是制造业服务化升级的最终目的。

2.5.1.2 制造业服务化动力机制

简兆权（2011）认为，企业实施服务化战略的动因主要包括产业链上价值重心转移的变化、产业链的竞争促使制造业服务化、迎合消费者需求、开创企业蓝海。李靖华等（2015）则认为制造企业采取服务化战略，内在的动力来源主要来自以下五个方面：第一，满足顾客需求；第二，创造竞争优势；第三，服务具有不可转移性和难以模仿性，可以帮助企业获取可持续的竞争优势，拉长企业获利时间；第四，增加经济收益。与物品相关的服务一方面可以为企业带来额外收益，另一方面可以降低现金流的脆弱性和易变性；第五，改善环境绩效。在服务化模式下，制造商以卖物品的功能或卖服务取代卖物品获得收益，能够鼓励耐用设备和物品的生产与使用，这有助于改变以环境恶化为代价的经济增长模式。徐振鑫（2016）根据制造业服务化的演化特征，提出从传统型制造到服务型制造的升级主要会经历以下三个阶段：第一阶段，大数据产业、信息通信产业和智能化产业的高速发展；第二阶段，创新主导型产业率先服务化，带动其他产业服务化；第三阶段，实现从产品型制造到服务型制造的转变。

2.5.2 制造业服务化与产业转型升级

周大鹏（2013）借助投入产出数据构建的面板模型量化分析了制造业服务化的产业升级效应。实证分析结果表明，服务中间投入的确对制造业产出具有显著的影响，但服务要素投入对不同类型制造业升级的影响程度是不同的。同时，他认为服务活动对制造业收益的促进作用表现在两个方面：一是关键增值环节日益体现为知识型服务要素密集的特征，并为产业带来范围经济；二是价值链各环节间的服务连接日益紧密，降低环节间协调成本。这两个方面都将最终促进制造业降低生产成本、提高生产效率、实现收益增加，从而促进制造业的转型升级。

刘斌等（2016）运用投入产出表、中国工业企业数据和海关进出口企业数据等合并数据，系统考察制造业服务化对企业价值链升级的影响。计量结果发现：首先，制造业服务化不仅提高了我国企业价值链的参与程度，而且显著提升了我国企业在价值链体系中的分工地位。

吕越等（2017）采用中国工业企业数据库、中国海关进出口贸易数据库和世界投入产出表的合并数据，实证分析了全球价值链中的制造业服务化对中国企业生产率的影响效应，发现制造业服务化水平有利于提高企业的全要素生产率，尤其是在全球价值链中嵌入程度较高的企业，不同类型企业"制造业服务化"的生产率效应存在较大的异质性。

2.5.3 制造业服务化与企业绩效

现有对制造业服务化与企业绩效关系的实证研究存在四种不同的观点和结论。

（1）制造业服务化提高了企业绩效。Vandermerwe 和 Rada（1988）同一些企业高层管理人员访谈发现，制造业企业提供服务能够延长产品的生命周期，为企业带来竞争优势。在发展更为成熟的行业中，提供服务能够提高客户忠诚度。同时，提供服务能够很好地避免第三方在企业与客户之间设置壁垒，给企业带来更好的绩效。White（1999）通过研究 IBM、Xerox 两个案例企业时发现，在同类市场中，服务要素的领先比跟随更为有利。对于技术创新型企业而言，将服务取向作为发展战略能有助于企业寻求新的市场机会。Watanabe 和 Hur（2004）通过分析日本机器行业的相关数据，得出了制造型企业采取的服务战略和企业市场价值之间具有同向变动关系。姜铸和李宁（2015）从制造业服务化的视角出发，以服务化程度为中介变量，利用我国西安地区制造业企业的 181 份调查问卷数据，提出服务创新与制造企业服务化程度对企业绩效均有显著的正向影响。

（2）制造业服务化抑制了企业绩效。Oliva 和 Kallenberg（2003）认为制造业企业在服务化的过程中将面临顾客不予接受、成本上升、风险增加、组织抵抗等多种障碍，导致企业难以实现预期目标。Gebauer（2005）在进行案例研究时发现，在特定的情境下，企业管理层对服务化战略缺乏科学的认识，盲目实施服务化战略反而会抑制企业绩效，也就是所谓的"服务化悖论"。Neely（2008）首次对制造业服务化对企业绩效的影响进行实证研究，结果表明，对于那些实施了服务化战略的企业而言，其实际盈利能力会稍低于纯制造企业。他还进一步指出，进行服务化战略转型的企业相比纯制造企业而言破产率更高，这也进一步证实了服务困境的存在。

（3）制造业服务化与企业绩效并非简单的正向或反向关系，而是非线性关系。徐振鑫等（2016）和江积海、沈艳（2016）均认为只有在发展较为成熟的制造业行业中，服务化战略对企业绩效才有一定的促进作用，因此服务化与绩效之间的关系应当是"U"形曲线。李靖华等（2015）对我国企业的研究发现，服务化程度与企业经营绩效呈"马鞍"形曲线关系。陈洁雄（2010）在借鉴 Neely（2008）的研究方法基础之上，手工整理服务化指标，针对性地选择中国和美国制造业企业，并对其服务化与企业绩效之间的关系进行实证研究。结果表明，前者为倒"U"形关系，而后者存在显著正相关的线性关系。肖挺等（2014）在对我国四个行业进行实证分析时指出，轻型制造业的"服务化—绩效"曲线呈"U"形走势，而重工行业则呈"马鞍"形走势。他进一步指出，在出现服务化困境时，轻型制造业可以更快地进行战略转移摆脱困境，而重工行业由于规模较大，摆脱"服务化困境"往往需要更为漫长的过程。陈丽娴（2017）创造性地从企业生命周期角度出发,以 2003~2015 年沪深上市的制造业企业为研究对象,动态考察制造业企业在不同生命周期阶段,其服务化战略的选择及其对企业绩效的差异影响。研究发现:第一,不同生命周期阶段的制造业企业服务化战略选择意愿不一致,衰退期企业意愿最强烈,成长期和成熟期企业不明显。第二,制造业企业在不同生命周期阶段的服务化"绩效效应"程度也有差异,成熟期企业最明显,与企业绩效呈"U"形关系;成长期企业次之,与企业绩效呈反"L"形关系;衰退期企业最小,与企业绩效关系不明显。

(4)制造业服务化与企业绩效间无显著关系。如 Antioco 等(2008)认为服务化战略是企业经营范围和业务结构的重大调整,必然伴随着企业内部资源组合、组织架构等的重大变化,其中根本的变化是要素投入比例的相应调整。提高绩效是企业业务调整的目标,但就经济总体而言,制造业服务化趋势带来的对各类资源需求的变化进而对要素收入与分配比例的变化,将具有更为深远的影响,有必要在绩效之外,分析制造业服务化对企业要素结构的影响。袁富华等(2016)强调,经济结构服务化是一种不同于工业化的全新效率模式,服务业比重和消费比重的提高不是问题的关键,最为根本的是基于知识和高层次人力资本要素积累的消费结构升级和服务品质提升。了解现阶段制造业服务化的发展方向,尤其是在要素结构上的转型,有助于判断我国服务化是否在向高素质人力资本密集的方向发展。陈漫和张新国(2016)首次将服务转型区分为嵌入式和混入式,并探讨了它们对企业绩效的差异化效果,基于 305 家上市制造企业 13 年的面板数据发现,嵌入式服务转型提升企业绩效,而混入式服务转型对企业绩效无显著的作用。

2.6 文献评述

总体而言，在转型经济背景下，研究中国企业多元化战略的文献较多，许多学者在研究过程中考虑了中国所特有的国情，实现了对于传统理论不同程度的扩展和完善。然而，综观目前该领域的研究现状，仍然存在一些不足之处。第一，关于转型经济背景下企业多元化战略选择动因的研究至今仍未形成统一的分析框架。传统的资源基础理论、市场势力理论、委托代理理论、制度基础理论及政府政策仍然作为五大基本因素对目前国内部分企业实施多元化战略的动因具备较强的解释力，然而转型经济背景下的中国经济面临着更为复杂的外部市场环境，传统的理论对此缺乏足够的针对性。第二，多元化战略的实施成效是业界研究多元化的一大重点，但遗憾的是，就全行业来看，目前有关转型经济背景下中国企业多元化战略对其战略实施成效的影响并未形成一致的结论。第三，目前关于转型背景下中国企业多元化战略选择同其战略实施成效之间关系的研究基本侧重于对两者之间关系的直接探讨，极少有学者关注企业实施多元化战略影响其绩效、风险及资金持有优化水平的方式，例如，企业多元化战略的实施究竟是直接影响企业绩效还是间接影响企业绩效？这种战略实施成效是否受到其他因素的影响，或者企业多元化战略在其他影响企业绩效的因素中是充当中介作用还是调节作用？等等。这些或许是未来企业多元化战略一个新的视角。

第2章 文献综述

企业在多元化战略选择方面的现实表明，多元化是一种较为普遍的企业发展战略。无论在理论方面、实证方面，还是在分析方法、指标的度量方面现有研究都取得了丰富的成果。本章通过梳理国内外相关文献的观点，对多元化战略的定义、影响因素、分类及测度方法以及与企业绩效的关系进行了比较综合的概括。现阶段，学者们在研究多元化的影响因素时，着重考虑单一因素对多元化以及跨产业整合行为的影响，对于综合考察多个因素对多元化的影响的研究还比较少。并且多元化测度方法尚没有形成定论，各个学者主要按研究需要来设定。对多元化的理论研究也主要停留在一般意义的研究上，如多元化的意义、战略类型等。

特别值得指出的是，作为世界上最大的发展中国家，我国企业经营的内部条件和外部环境与西方企业有着较大的差异，如何根据中国企业所处环境以及企业自身发展特点，探索性地研究中国企业多元化、跨产业转型的路径是目前亟须突破的重要问题。特别是随着互联网、大数据、物联网、人工智能等新兴信息通信技术的发展，中国传统IT企业传统的跨行业多元化现象日益增多。行业融合产生了许多跨产业的技术创新和业务交叉（毛蕴诗和王华，2008；毛蕴诗，2012），形成了许多新产品、新行业与新的增长点。这些企业在转型过程中能否提升自身竞争力和经营绩效，值得研究。进一步地，在跨产业的多元化整合过程中，不同企业的路径、经验和教训都有哪些等，对这些问题进行研究和总结对企业转型升级具有重要的实践价值。

第3章 多元化转型的困境：基于调研企业的思考

3.1 宏杨科技股份①企业类型与业务发展简介

宏杨科技股份年营业收入近10亿元，员工1100余人，一直专注于计算机与信息通信行业，以计算机系统集成、软件开发、信息技术服务及建筑智能化为主营业务，是国内领先的行业应用解决方案供应商，为教育、环保等多个行业长期提供包括计算机与通信技术的设计、咨询、研发、交付等一体化解决方案。宏杨科技股份拥有建筑智能化系统设计专项甲级资质、信息系统集成与服务一级资质、建筑智能化工程专业承包一级资质以及ISO和CMMI L4系列等多个权威认证和顶级资质，连续8年入围中国软件百强企业、连续10年入选国家规划布局内重点软件企业，先后承担了国家"863"计划和科技支撑计划等多个国家级重点科研项目，在智慧城市、智能航运、大数据、移动互

---

① 出于调研企业的要求，此处隐去调研企业的真实名称，为本书研究需要所虚构企业名称。

联等应用领域取得丰硕成果，共拥有 100 余项软件著作权和国家专利。

宏杨科技股份实行"IT 领域集中化多元经营"总体战略，致力于成为中国领先的信息技术服务提供商。建筑智能化（Intelligent Building, IB）与计算机信息系统集成（Information Technology, IT）是助推宏杨科技股份快速成长的支柱型业务，也是宏杨科技股份接触客户面最广的业务。以软件为核心的应用服务和系统运维服务是寄托宏杨科技股份未来发展的战略型业务，是实现未来突破升级的着力点。产品销售与 IT 教育业务是宏杨科技股份的支持型业务，也是公司业务生态体系的重要组成部分，不仅要保持自身发展与盈利，更要为重要和关键的业务输送资源、提供支持。宏杨科技股份各类业务间资源互补、优势聚合，在智能航运、智慧城市、移动互联、政务大数据几大方面处于全国领先地位。

与众多中国传统科技型企业一样，经过 20 多年健康稳步地发展，宏杨科技股份在信息系统集成、软件与服务、建筑智能化等方面形成了自己的特色和竞争力。公司主营业务具体情况介绍如下：

3.1.1 信息系统集成与服务

信息系统集成与服务为金融、能源、环保、教育等行业客户提供（售前）咨询规划、系统实施、售后维护的全方位系统集成服务。作为宏杨科技股份的传统业务，在"云计算、物联网、移动互联、大数据和智慧城市"等新技术、新模式迅猛发展的 IT 行业新形势下，宏杨科技股份紧跟技术发展趋势，精耕细分行业市场，以全新形象和更强能力积极助力教育、金融、运营商、能源交通、政府、医疗卫生等行业的信息化建设。

3.1.2 建筑智能化

公司自21世纪初就开始涉足智能建筑领域，拥有建筑智能化系统设计专项甲级资质、建筑智能化工程专业承包壹级资质、安全技术防范工程一级等专项资质，并通过ISO9001质量管理体系认证。宏杨科技股份一直致力于从事教育、金融、公检法、财政部门、房地产等不同行业的智能化建设。该公司完成了1000多个建筑智能化项目，独立承担过多个中型建筑智能化系统工程承包、设计一体化项目或专项设计项目，并积累了丰富的工程总包管理实施经验。

3.1.3 软件与服务

（1）电子政务。提供政府办公及业务管理信息化解决方案，主要包括：信息发布平台、协同办公平台、业务基础构件平台、统一数据交换平台、资源目录管理平台、政务决策支持平台、工业经济运行分析监测系统、社区服务信息管理平台、重大重点项目调度指挥平台、社会治安状况分析预警系统、社会信用联合征信系统、公共财政解决方案等。

（2）智能航道。基于物联网技术，对江河航道以及航行的船舶实现全过程、全区域、全方位且动态、准确、及时的监测、管理和服务。主要包括：航道交通流量分析子系统、航道断面分析子系统、水位分析子系统、航道监控及感知系统、航道通航状况分析子系统、电子航道图子系统、综合分析与决策支持子系统、虚拟漫游仿真子系统等。

（3）移动互联。为客户提供"移动终端＋PC"一体化的移动互联解决方案，主要包括：移动互联开发中间件、移动门户平台、移动办公平台、移动电子政务等。

3.1.4 信息系统运维服务

信息系统运维服务是宏杨科技股份着力发展的重点业务。多年来，宏杨科技股份致力于发展高端信息技术服务，不断加快自我发展，着重进行运维服务体系建设，建构起一条集咨询规划、服务交付和运维体系建设为一体的完善的服务价值链，为用户量身定制专业、高效、及时、全面的运维服务解决方案。另外，从资源、人才、工具和流程四个维度对自身运维服务能力进行建设和提升，已形成了包括技术支持服务、信息安全服务、设备维保服务、管理咨询服务在内的完善的服务产品体系。

3.2 宏杨科技股份主营业务架构详解

作为中西部地区系统集成与服务领域具有影响力的龙头企业之一，宏杨科技股份在信息安全集成、信息系统建设、云数据中心建设、高性能计算等方面已经具备国内先进水平。20多年来，宏杨科技股份致力于发展高端信息技术服务和体系建设，为客户提供整体服务，不断整合现有的厂商资源，加快自我发展，逐步建构起了一条集售前咨询规划、系统实施建设和运维体系建设为一体的完善的服务价值链，为用户量身定制全面、专业、响应快捷的行业解决方案。公司还从技术能力、管理工具、流程体系和备件平台四个方面对服务能力进行建设，目前已形成了包括智能化集成管理系统、建筑智能化、软件与服务以及 IT 服务、管理咨询服务和技术支持服务在内的完善的服务产品体系，如表 3-1 所示。

表 3-1　宏杨科技股份主营业务架构

智能化集成管理系统	建筑智能化	软件与服务	IT 服务
计算系统	智能化集成管理系统	云数据交换平台	信息安全技术和服务
网络系统	智慧城市	电子政务	ORACLE 数据库支持服务
存储容灾备份系统	数据中心	智慧航道	机房搬迁服务
安全防范	智慧社区	智慧办公平台	咨询与方案设计
IT 管理	智慧医疗	内容管理平台	培训与外包服务
IT 教育	智慧金融	联合征信平台	硬件维保

智能化集成管理系统作为宏杨科技股份公司的传统业务，在 IT 行业发展的新形势下，公司积极在计算系统、网络系统、存储容灾备份系统、安全防范、IT 管理以及 IT 教育等方面进行了稳健的经营（见表 3-2）。

表 3-2　智能化集成管理系统细分行业

智能化集成管理系统	业务描述
计算系统	计算系统采用高性能服务器、计算机小型机完成海量数据运算，实现大量数据并行运算，同时进行数据安全备份，通过有效缩短等待时间，提高访问的可靠性，让用户得到最优的使用体验

第3章 多元化转型的困境：基于调研企业的思考

续表

智能化集成管理系统	业务描述
网络系统	网络系统是将地理位置不同的具有独立功能的多台计算机及其外部设备，通过通信线路连接起来，在网络操作系统、网络管理软件及网络通信协议的管理和协调下，实现资源共享和信息传递的计算机系统。在核心网络系统中，有网络负载均衡、DMZ隔离区等专业化设计解决方案
存储容灾备份系统	存储容灾备份系统是指在相隔较远的异地，建立两套或多套功能相同的IT系统，互相之间可以进行健康状态监视和功能切换，当某处系统因意外停止工作时，整个应用系统可以切换到另一处，使得该系统功能可以继续正常工作。容灾技术是系统的高可用性技术的一个组成部分，强调处理外界环境对系统的影响，特别是灾难性事件对整个IT节点的影响，能提供节点级别的系统恢复功能
安全防范	安全防范解决方案，通过安全接入、安全传输、安全访问多维度防护，为用户提供了安全的端到端交付方案，解决用户担忧及困惑。VSP虚拟化安全平台，通过VSP接入网关实现强认证、SSL加密传输、权限划分等技术来控制整个网络和服务器的用户安全访问，借助安全桌面来实现终端层面遇到的各种泄密风险（如外设管理、网络隔离、数据加密等）的同时毫不影响用户办公操作，具有更高的性价比和业务可行性
IT管理	随着信息化建设的推进，为了让凝聚巨大人力、物力投入的信息基础设施发挥出其最大效益，保障整个信息系统从组织内部各个层面都能够平稳可靠运行，建立综合而全面的IT管理系统迫在眉睫。宏杨科技为用户提供从整体上对包括IP网络、服务器、存储、安全设备、中间件、数据库甚至机房设施等组件在内的IT基础设施环境进行综合管理的平台，该平台同时能够提供业务系统运行异常的实时告警和进行图形化问题定位，性能趋势分析和预警，能够从关键业务系统的角度，以业务重要性为导向进行事件处理和通知，满足用户多方面的需求
IT教育	公司借鉴微软等世界级软件企业的人才培训机制，以企业岗位需求为导向，采用"在战争中学习战争，在实战中提升理论"的创新性人才培养模式，面向高校学生及IT从业人员的软件人才培训平台，与数十所高等院校联手，缩小高校教育与企业岗位需求之间的差距，满足社会对IT人才的需求。到目前为止，实训中心培养了近5000名计算机及相关专业的大学生。通过在真实企业环境下的规范学习和实战训练，学生的实践能力以及就业竞争能力大为增强。这些毕业生已分别进入微软全球技术支持中心、区域微软技术中心、华为电子、用友软件、浙大网新、微创软件、神州数码、英华达、恒生电子、泰豪软件、宏杨科技、中国电信、中国银行、招商银行等国内外知名的企业工作，受到所在企业的充分肯定

建筑智能化集成与服务是助推宏杨科技快速成长的支柱型业务。

通过近10年的快速发展，宏杨科技正成为国内知名的建筑智能化集成与服务供应商。宏杨科技在金融、教育、酒店、军队、政府、交通、医疗以及节能环保等行业有众多大型项目的成功案例。通过与国内外著名厂商的资源整合和深度合作，宏杨科技构建了建筑智能化领域的全球化视野和水平，领军国内建筑智能化行业发展（见表3-3）。

表3-3 建筑智能化细分行业

建筑智能化	业务描述
智能化集成管理系统	以网络一体化、功能一体化和软件界面一体化等集成技术为基础，采用云计算、物联网和智能分析等先进的技术和理念进行架构。系统基于标准的接口或协议、友好的软件界面和良好的可扩展性等特点，实现智能建筑各子系统统一界面展示、统一界面管控、统一数据共享和统一系统联动等功能。该系统可以有效降低智能建筑管理人员成本，减少能源浪费，整体提升智能建筑管理水平，让智能建筑更加智能
智慧城市	智慧城市是指充分借助现代信息技术、物联网、传感网和云计算技术等，以城镇和居民的发展需求为导向，通过网络通信、软硬件系统平台等，运用各种现代高端技术与服务，综合打造安全、便捷、健康、高效的城市，使城镇的服务更有效、惠民便民、促进商贸，提供人与社会、人与人的和谐共处之地。智慧城市的典型应用系统有：智慧政府、智慧交通、智慧医疗、智慧教育、智慧民生
数据中心	计算机设备、网络的可靠运行，是信息系统和应用业务的关键，网络数据传输对信息系统运行传输不间断性、稳定性以及安全可靠性的要求越来越高，所以现代的机房对场地环境的要求更加严格。良好的机房环境不仅为核心的网络和计算机设备提供高可靠的供配电系统，而且为设备的运行提供了净化和恒温恒湿的空间环境，再加上能够随时了解电力和消防设备运行情况的集中监控系统，保证了系统的高靠性运行。同时，宏杨科技提倡以人为本、绿色环保的原则，营造舒适的环境
智慧社区	社区的管理无非是从楼宇的理念，运用（智能+通信+网络等）以"智慧""绿色""节能""低碳"环保等综合设计，构建社区级"物联网"，并通过智能家居将"感知"延伸到家庭的日常生活中，通过物联网管理平台，建立物联网智能楼宇社区和智能家居整体解决方案，构建智慧、绿色、低碳的居家生活。智慧社区的重点是将城市光网接入社区，光纤入户，以多媒体信息箱为中心，实现三网融合，建立家庭网络，实现智慧社区

第3章 多元化转型的困境：基于调研企业的思考

续表

建筑智能化	业务描述
智慧医疗	医院建筑智能化是建筑技术、信息新技术、医疗技术等多学科紧密结合起来的，系统庞杂、功能复杂、过程实施难度大，它除了要有一般建筑的智能化系统功能外，还具有医院业务辅助智能化系统。建造了一个高效、低耗、智能的就医环境，体现以患者为中心、以医学为基础、以使用为目的、以服务为宗旨的设计理念，是医院楼宇智能化系统要解决的一个课题，也是医院智能化架构设计的出发点
智慧金融	宏杨科技长期服务于金融行业客户，对金融行业的特点、组织结构和客户需求有着深刻的了解。公司成功实施了多个金融行业的信息化项目，与多个金融行业客户建立了长期的合作关系。特别在柜台营业网点、安保闭路监控系统、门禁一卡通、大楼综合布线、机房数据中心交换集成、视频会议系统集成等提供网络结构设计、全安巡查保障、路由策略规划、多种视频会议技术、产品和视频会议解决方案。通过多点控制单元（MCU）实现总行与分支行之间语音、图像和演示的交互，保证能够随时自主地组织和召开会议。视频会议系统可以成为远程教学、交互式技术培训的工作平台，还具有现场会议录播、存档等多种功能。同时针对客户系统复杂、设备多样化、稳定性要求高、应急响应及时等特点，利用宏杨科技信息技术品牌方面的优势为制造行业客户提供优质的网络外包服务；通过覆盖全国的服务体系，为客户提供快捷的本地化支持和维护服务

软件与业务是宏杨科技未来重点发展的战略性业务。宏杨科技始终以行业应用拓展和技术创新作为软件服务业务发展的主要手段，分别在南京、北京、成都、南昌等多地设有研发机构，拥有近700人的研发团队。通过对各行业持续不断的深入探索与投入，宏杨科技沉淀了一系列具有自主知识产权的解决方案，建立了涵盖金融、民政、交通、人社、档案等多个行业的成功案例，取得了良好的社会与市场效益（见表3-4）。

IT服务作为宏杨科技的辅助性业务，重点在信息安全技术和服务、Oracle数据库支持服务、机房搬迁服务、咨询与方案设计、培训与外包服务和硬件维保等方面开展了相关业务，详情如表3-5所示。

表3-4 软件与服务细分行业

软件与服务	业务描述
云数据交换平台	云数据交换平台源自宏杨科技20多年来对电子政务的深厚积累和对数据交换共享的深刻理解,旨在为各级政府业务部门间的数据交换和共享打造统一的数据交换服务平台。其充分与云计算优势相结合,实现了数据交换资源智能调度、前置系统自动化部署调度和回收管理、实现资源的监控度量、交换资源的智能主动推送等功能,提供了好的数据资源交换与更加智能化的资源共享能力,使得数据交换中心可以更快地响应业务需求,提供更高的数据资源利用率和更低的建设成本。该产品已成功应用于江西省电子政务共享数据统一交换平台,该项目基于全省统一的电子政务网络和政务云平台之上,覆盖省、市、县区三级政府部门,承载多层级、多单位、跨部门的多应用业务系统,满足各部门数据互联互通需求,为全省电子政务系统的集约化建设和统一规范应用提供数据支撑
电子政务	电子政务解决方案:宏杨科技集约化电子政务解决方案是基于集成服务和集成数据技术框架构建的综合大型应用和大数据结构综合解决方案。将原有相对独立的电子政务产品系统服务化、去耦合化,在服务总线架构下重构重组,实现统一的安全架构、统一的登录门户、统一的跨系统流程定制和统一的内容管理及信息发布,为政府部门实现跨部门应用系统的集成、实现部门之间业务的协同和资源的共享提供一体化解决方案。解决方案支持云环境下的部署,并表现出更高的性能和安全特性。宏杨科技集约化电子政务解决方案的主要特点是"两个集成,五个统一、一个开放"。 两个集成之一为服务集成:基于SOA面向服务架构思想,在服务总线架构支持下,将包括"内容管理与综合信息发布""行政审批""政务协同办公""信息采集与搜索"、决策分析等多个独立成熟子系统,整合、集聚为一体化SOA服务群结构,由此构建了在服务上综合集成,在数据上集成、共享融合的一体化开放电子政务平台。基于开放式事务处理平台,本方案可以快速应对任何政务、业务体系在服务层面提出的服务共享、数据集成整合的需求,是电子政务领域大型综合基础业务平台的最佳实践 两个集成之二为数据集成:在数据层面,解决方案提供的综合集成数据结构框架和平台级统一数据标准,为基于电子政务领域的大数据运用,提供了坚实的基础和优秀的结构。功能强大的"数据集成与交换引擎"(国家2008年核高基项目成果)和信息资源目录作为系统数据层的核心内核,支持业界主流数据库,在数据层面实现了对所有内部子系统的数据综合集成统一,对跨部门、跨地区、跨业务系统及分布式系统的数据集成交换统一。可以安全地满足复杂的数据交换和融合集成请求,为大数据时代电子政务领域大型综合基础业务平台提供了最佳数据处理平台。五个统一分别为云统一、登录门户统一、跨系统流程定制统一、内容管理和信息发布统一以及安全架构统一

第3章 多元化转型的困境：基于调研企业的思考

续表

软件与服务	业务描述
智慧航道	智慧航道解决方案的核心是"感知航道"，解决方案通过在航道及沿岸近域建立包括以自组织无线传感网和各种传感单元在内的物联网，实现对航道基础数据及交通航运信息的自动化采集。通过网络互联，搭建多部门相互协调的、一体化的、高效优质的、信息共享的、互联互通的业务应用系统，构筑综合信息服务平台和科学的、智能化的、可视化的决策支撑体系
智慧办公平台	协同办公平台是宏杨科技股份有限公司自主研发的协同办公管理软件。该产品是国家"核高基"重大科技专项应用产品，专注于电子政务，覆盖政务办公自动化各个发展阶段的主要应用，并充分考虑平台的实用性、先进性、可靠性、安全性和开放性，形成一个涵盖公文处理、档案管理、督查督办、会议管理、知识管理、应用集成的立体化信息管理平台。宏杨科技协同办公平台侧重于政府日常协同办公运作，支持政府部门分布式、集中式集群应用部署模式，并运用先进的数据交换、共享、采集、发布手段，使得各政府机构在同一平台上传递信息、开展业务，可促进原来分散的业务系统的整合，加速不同部门之间、不同行业之间的信息交流，紧密地将神经网络中的各级政府部门、事业单位结合在一起，实现协同政务、共享资源、智慧决策
内容管理平台	宏杨科技自主研发、拥有自主知识产权的智能化内容管理开发平台。平台基于B/S架构、J2EE技术，采取"集中管理、分级授权、快速定制"的模式，提供网站搭建、内容设计、内容展现、内容协作等全面的内容管理功能，能够对分散异构信息资源进行无缝整合，从而实现信息资源共享和全流程化管理，提高信息化系统的开发、管理和维护效率。适用于政府单位、企事业单位、电子商务、教育、医疗等各个领域的信息门户建设和管理。宏杨科技内容管理平台是集数据资源服务、应用集成服务、插件扩展服务、量身定制服务四位一体的面向服务的架构体系。通过选择不同的应用及功能插件，构造出符合自身需求的应用平台，既能满足普通的共性要求又能够为独特的业务需求提供支撑服务
联合征信平台	联合征信平台可依托政府部门、人民银行信贷、第三方资信评审机构信息建立起面向政府、企业、个人的全面的社会信用体系。在整合质检、工商、公安、法院、检察院等部门数据的基础上提供企业与个人信用信息的申报、评价与查询功能，为政府建立详细的信用评估指标体系提供了灵活的辅助功能，并能在指标体系的基础上对企业进行自动动态评估并生成评估报告，还可以以门户网站形式向社会公开相应的信用信息，实现以道德为支撑，产权为基础，法律为保障，以信用服务、市场化经营和政府有效监管为手段的社会信用机制，从而促进经济秩序的正常运行，推进经济社会的健康全面发展

表 3-5 IT 服务细分行业

IT 服务	业务描述
信息安全技术和服务	信息安全评估及加固服务：按照安全风险评估的方法，从信息资产、管理、策略到人员等层面，进行脆弱性、威胁和风险的等级划分，并使用定性与定量相结合的评估方法进行数据采集和分析，完成全面深入的安全评估，并根据评估结果和安全加固策略，设计安全架设体系和安全解决方案，结合各种操作系统的安全特性，对确定的加固对象（系统、网络）进行安全修补加固 安全应急处理：安全应急处理服务是针对客户信息系统突发的重大安全事件，以专业和高效的团队进行故障排查定位，提供暂时性的紧急解决方案，发现安全入侵痕迹，清除入侵挂马、后门等，并对存在的安全风险和漏洞进行修补。从而在客户信息系统受到安全攻击后有效恢复，保持 IT 系统的高可用性 网站安全监控：公司和国内先进安全厂商共同在江西建设了信息安全监控和体验中心，为客户的网站系统提供网站安全咨询、网站页面监控、网站性能监控、网站日志审计、网站数据备份恢复、网站服务器本地安全检查、安全应急救援、网站风险分析、网站应急预案等安全服务
Oracle 数据库支持服务	作为 Oracle 服务合作伙伴，公司多年来致力于发展高端服务的技术力量和服务体系的建设，公司目前有多名 OCP（Oracle Database Administrator Certified Professional）和数名拥有丰富 Oracle 数据库安装、部署、维护经验的工程师，组建了一支专业的数据库技术服务团队。A 在结合原厂的服务的基础上，提供给数据库客户先进的数据库运维和管理解决方案，协助客户提高数据库系统运行效率，优化资源配置，保证关键业务系统的高效、稳定 Oracle 数据库及中间件技术支持服务包括如下内容：备份恢复：提供备份方案设计及实施，帮助进行各种故障下的数据恢复。性能调整：提供对于生产系统的全方位的性能调整服务，包括提高性调整或紧急性能下降等问题的调整。技术培训：提供标准化或定制化的各类 Oracle 技术培训。紧急救援：对于数据库系统的一切紧急故障，提供紧急救援处理帮助。方案设计：提供对于各类项目中，数据库方案设计、性能测试、压力测试等服务。维护服务：提供对于数据库的例行维护服务
机房搬迁服务	机房搬迁服务：机房搬迁服务是宏杨科技为客户提供的专业机房设备搬迁和数据迁移的特色服务产品，它利用公司多年的系统集成经验和技术能力，在充分了解客户行业需求和实际状况的基础上，为企业提供量身定做的设备搬迁解决方案。服务包括：设备搬迁方案规划、设备搬迁技术方案、系统备份和恢复、异构数据迁移、应急预案设计、搬迁维保服务、搬迁后的配置调整优化等技术保障服务，使客户在机房搬迁的过程中，机房设备在搬迁后能及时投入正常生产，确保系统的平滑地理迁移，并保证业务连续性，降低搬迁风险
咨询与方案设计	咨询与方案设计：合理的规划实施能够确保更可靠的 IT 系统架构，提高信息系统管理效率，避免不必要的信息资产投资浪费，合理地利用已有信息资源。公司技术服务团队可以帮用户制定设备及系统部署方案、局域网、广域网、数据库、信息安全等系统的架构部署方案，并且能对方案进行设计认证，协助用户制定规划，达成系统建设目标

续表

IT 服务	业务描述
培训与外包服务	IT 培训服务：宏杨科技为客户提供了完整的培训服务解决方案，与众多厂商一起为客户提供一系列的专业性、普及性及用户制定的培训服务。公司建设了独立的专业化培训中心，其中包括网络、系统、存储等方面的专业化培训教室，宏杨科技将提供专业的资深认证讲师进行培训，培训服务范畴包括：CISCO、H3C 和各类安全产品培训服务 数据库培训服务包括：Oracle、MS SQL 等数据库培训服务；IT 外包服务包括了基础 IT 桌面支持服务和高级 IT 外包服务，IT 桌面支持包括对 IT 桌面的硬件层、基础软件层和应用软件层的维护，主要包括安装、配置、升级、故障诊断和排除等活动，根据具体的实际情况，还可能包括计划、主动预防、监控等活动。高级 IT 外包服务方案在基础桌面支持服务基础上另外提供了网络和系统平台运维、安全平台运维、现场巡检服务、现场技术培训等高级运维服务内容
硬件维保	硬件维保服务是宏杨科技为客户过保的信息资产打造的延长资产使用生命周期，降低运维风险的维护保障解决方案。该方案涵盖了技术支持、软件版本升级、现场故障诊断、备件更换、定期系统巡检、定期技术培训和重要时刻专人值守等服务内容。硬件产品维保服务范围：CISCO、H3C、华为、港湾、神码 IBM、HP、EMC、DELL、联想天融信、联想网御、宝利通

3.3 宏杨科技财务状况与业务发展趋势

如表 3-6 所示，2010～2015 年宏杨科技营业收入实现了快速增长，公司利润稳步增长，公司的银行信用等级为 AA+。以下，为了更加直观地分析宏杨科技这 6 年的财务状况，分别作图表表示。

从图 3-1 中可以看出，营业收入自 2010 年呈现快速增长态势，其中 2012 年增长幅度较大，而 2014 年起增速开始放缓。

表3-6　宏杨科技近六年的财务资产状况　　　　　　　单位：万元

年份	2010	2011	2012	2013	2014	2015
营业收入	43445	52643	68221	74152	80462	85859
营业成本	40381	48370	56173	61212	65095	70398
营业利润	3110	4273	4579	4572	4800	2945
销售费用	1102	1395	2243	2870	2939	3566
管理费用	1496	2010	2210	3437	5432	5836
净利润	3503	4801	5379	5229	5193	3284
固定资产	1860	1850	2972	3186	3524	3219

注：2013年与2012年的审计报告关于销售费用和管理费用不太一致，口径有所调整，已经统一。

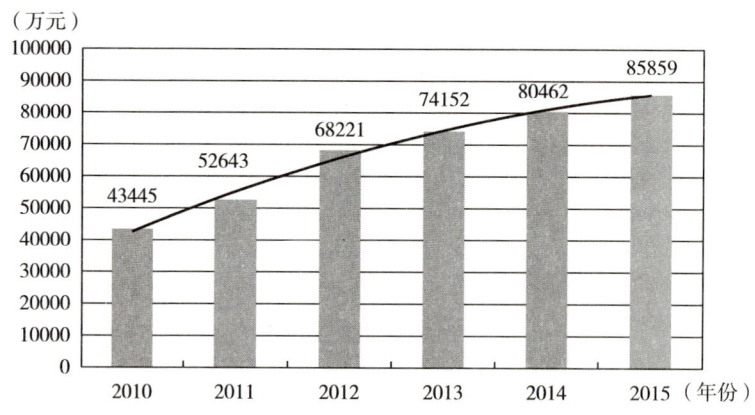

图3-1　宏杨科技2010~2015年营业收入

从图3-2中可以看出，营业成本也呈逐年上升态势，其中2012年出现比较明显的增速加速趋势，这正是宏杨科技股份开展全国性扩张、建立各地子公司的年份，说明区域扩张提高了企业的营业成本。营业成本快速增长可能为后续利润下滑埋下了隐患。

图3-3是销售费用的具体走势，从中可以看出，2010年和2011年销售费用处于较低水平，2012年出现大幅度跃升趋势，导致销售费

用从此站上一个较高的高位,总体上在 2010~2015 年销售费用呈波动上升的态势。此后,2013 年销售费用又出现一次较大幅度上升趋势,随后 2014 年销售费用增势放缓。2015 年销售费用再度快速上涨,并且突破 3500 万元大关。销售费用的增长态势与宏杨科技全国性扩张的时间节点基本一致,显示宏杨科技区域扩张导致的销售费用的激增。

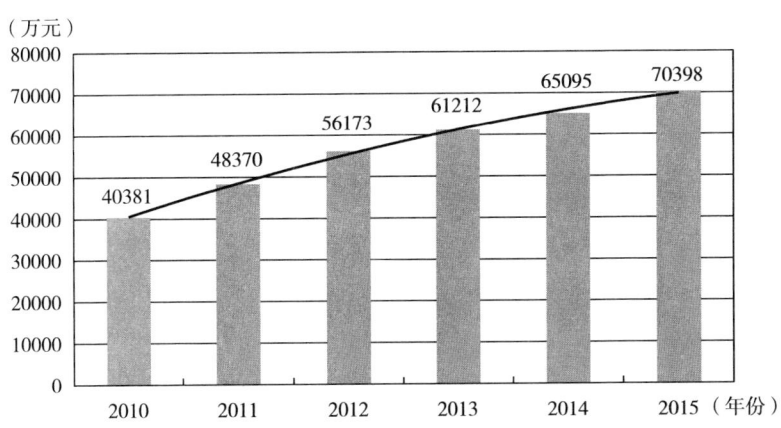

图 3-2　宏杨科技 2010~2015 年营业成本

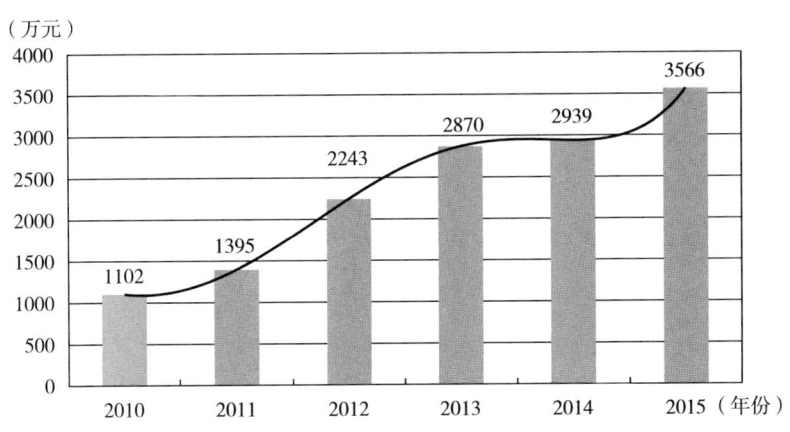

图 3-3　宏杨科技 2010~2015 年销售费用

从图 3-4 中可以看出，管理费用在 2013 年出现激增现象，2013年比 2012 年多增加管理费用 627 万元，增加幅度达到 28%。而且 2014 年同样出现大幅度增长，管理费用达到前所未有的高度，2015 年出现了更大幅度的增长。作为核算企业管理机构费用支出的管理费用，可以较好地反映企业管理部门的成本变化。2013 年，为了适应全国性扩张，宏杨科技开始采用矩阵式管理架构，在矩阵管理执行过程中出现一些磨合不够、沟通不畅等问题，可能是导致管理费用大幅上升的重要原因。综合前面几个图，在营业收入没有出现巨大变化的情况下，管理费用却出现大幅上扬，显然有可能是管理效率下降，管理机构臃肿、人员冗余导致管理成本上升。

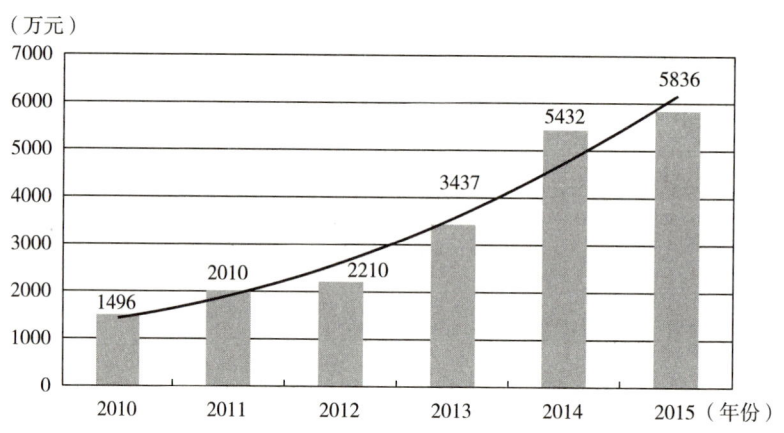

图 3-4　宏杨科技 2010~2015 年管理费用

图 3-5 为净利润走势，2010~2015 年净利润整体表现出倒 "U" 形走势。2012 年之前，利润表现出稳健增长态势，并在 2012 年达到最高峰。随后 2013 年出现利润下降趋势，2014 年基本与 2013 年持平，2015 年净利润更是出现大幅跳水。与图 3-1 营业收入的逐年递增相

比，净利润在2012年之后走出相反的趋势。结合销售成本与管理费用的走势，在营业收入不断增长的情况下，净利润下降可能主要是由于销售和管理费用增加所导致，业务本身利润率较低也可能是重要的原因之一。

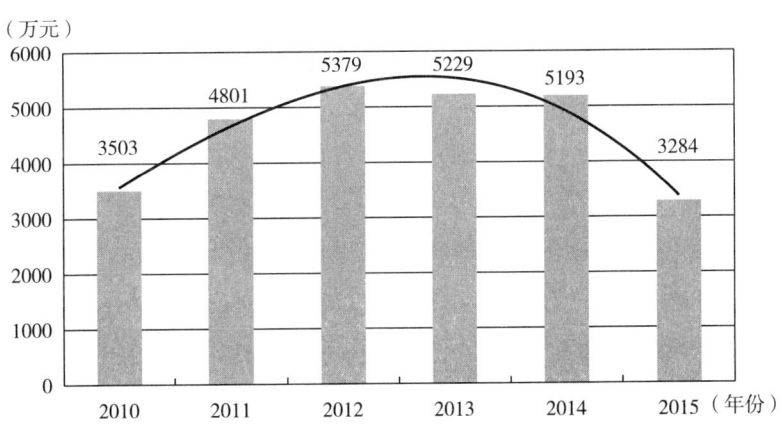

图3-5 宏杨科技2010~2015年净利润

综上所述，从宏杨科技2010~2015年各类财务数据可以看出，宏杨科技自身业务利润率不高，并且由于区域扩张和管理变革导致的销售与管理费用大幅增加，最终导致了净利润表现出倒"U"形走势。

3.4 宏杨科技主营业务特点与存在的问题

宏杨科技在经历了20多年的发展与积淀后，形成了一定的竞争力，其竞争优势主要表现在以下几方面：

第一，业务资质作为系统集成商招标过程中的关键指标，宏杨科技在业内具备了"建筑智能化工程专业承包壹级资质""建筑智能化系统设计专项甲级资质""计算机信息系统集成壹级资质"的强大优势，以及在大型信息系统建设、信息安全集成、高性能计算、系统优化等方面具备国内先进水平，已形成了包括 IT 硬件维保、信息安全服务、技术支持服务和 IT 外包服务在内的完善的服务产品体系，并建立了基于 ITIL 标准的服务管理流程，形成了良好的管理体系和服务能力。并且宏杨科技获得了"国家规划布局内重点软件企业""国家重点高新技术企业"、中国软件百强企业等众多荣誉，这使其在招标过程中与区域内众多中小集成商相比具备一定优势。

第二，公司在省内已经具备本土化优势。由于智能建筑、系统集成等业务在招标过程中更倾向选择本地企业，作为省内实力最为雄厚的集成商之一，公司在省内智能建筑、系统业务方面具有一定的优势地位。

第三，公司具备一定的市场营销优势。公司总裁是集技术与营销一体的市场开拓型领导，对市场营销与市场开拓具有独到的方法，并且在实战中建立了较为完善的各级营销体系，对于公司开拓新业务、拓展省外其他区域具有积极的推动作用。

然而，宏杨科技也存在一定的不足之处。对于宏杨科技来说，劣势主要体现在公司当前的业务角色上，公司自主开发的技术、知识产权以及软件产品非常少。虽然宏杨科技经过多年的转型，其业务类型已经实现多样化，但是企业总体战略定位仍然不清晰，业务定位仍以纯系统集成为主，这也是公司利润率不高、容易受到市场冲击的主要原因，这一点可从国内系统集成商以及其他类似科技型企业转型案例对比中略见一斑。

事实上，IT厂商从低端向高端的发展可分为代理商、系统集成商、软件及服务商至最高端的集总体规划、设计、投资、建设、运营与和咨询服务为一体的综合运营厂商。就目前而言，中国绝大多数中（小）企业扮演着代理商和系统集成商的角色，而具备实力的软件服务商正在向中高端转型，或者有的已经初步转型成功，发展成为IT产业链最高端的规划、设计、运营与咨询一体化的综合运营商。从盈利能力角度来看，代理商由于缺乏自主产品，赚取利润较少，且受到上游厂商的压制。而纯系统集成商在行业竞争激烈的背景下，利润率也逐步走低。而在IT服务成为未来发展趋势的背景下，IT系统集成商向IT服务商转型既已成实。然而宏杨科技目前仍然处于系统集成商的角色，与国内大型系统集成商及IT服务商竞争存在明显劣势。

具体而言，宏杨科技业务发展存在以下问题：

3.4.1 业务发展总体战略不清晰

缺乏稳定、清晰的业务发展总体战略规划，公司以什么业务为核心业务方向？以什么业务为战略型新兴业务方向等问题未得到梳理和明确。这导致各类业务发展缺乏指引，各业务团队之间未能形成互相支持的技术和业务体系，公司各种资源力量分散。同时也让各个业务内部没有方向感，因此也导致了公司员工缺乏业务方向感和内部认同感，出现有经验的老员工大量流失、经营成本上升、效益下降等一系列问题。

3.4.2 以短期盈利为目的的业务类型占主导

长期以来，迫于短期的规模要求和业绩压力，以短期盈利为目的的业务拓展模式占据主导。这种业务拓展模式集中体现在两个方面：其一是业务多区域无序扩张，其二是业务多样化，且各业务之间过于松散。这种业务模式导致了企业短期业务增长的惯性，在短期利益上难以放弃，在中长期收益方面的行业投入不足，业务方向广而不精。行业方向过多容易顾此失彼导致每个方向的资源投入都不够，专业化建设不足、竞争能力不足，无法集中精力将行业做深做透。

3.4.3 业务之间的相关性差缺乏战略性互动

正如前文对公司各个主要经营行业的经营范围的分析，总体上宏杨科技分为IT、IB、软件、分销和培训五大类业务，这五类业务之间关联性欠缺，分销和培训以及其他几类业务几乎没有关系，而软件与IT、IB之间的关系也不清晰，业务之间相互支持的力度不大，包括相对成熟的航道业务在内，也未有效建立公司层面的配合政策，业务发展主要靠北京团队一己之力。不同种类业务各行其道，缺乏业务体系之间的战略性互动，不具有业务协同效应。业务松散导致行业应用软件开发的复用性很低，基础性、战略性、平台型的共性技术和研发不足，导致后端开发应用成本大大提升，效率极低（各类业务之间以及各地子公司之间使用的技术架构不够统一规范，导致大量的成本投入）。最终导致各种软件、技术和研发出现大面积应急性的粗放型投入，既浪费了资源又未得到最大化利用。

3.4.4 业务发展前瞻性不足

宏杨科技近年承接的项目体量不大、质量不高，都是因为业务发展的行业前瞻性不足，仅仅停留在被动跟随客户需求的层面上，缺乏对客户需求和业务需求的战略性引导，缺乏对行业发展前瞻性的研究、分析、预测与评估。长期以来，宏杨科技业务策略和发展不是以战略目标作为指引，而是由市场项目拉动或者历史渊源惯性推动的。包括相对成熟的航道业务在内，缺乏中长期的业务规划，业务驱动主要来自市场项目，自发性、系统性市场开拓极为有限。各行业以及行业内部的具体业务执行、新进入的时候在市场竞争分析、业务前景等方面都存在不足，业务拓展方式粗放，业务拓展方向缺乏指向性，主要依靠价格优势和一些非技术因素。缺乏行业方向的领域专家和战略规划人员，高度不够，无法很好地引导客户，而是被动地接受客户方需求，导致项目的需求边界和需求稳定性不可控。

3.5 发展遇困境与转型思考

主营业务集中在低附加值领域，缺乏核心技术与核心竞争力。宏杨科技虽然具有较强的各类资质储备，但是长期以来研发投入不足，没有形成具有商业价值的核心技术群，只是具有一些在业务发展过程中形成的零星技术，不足以依靠技术形成核心竞争力。缺乏核心技术群导致宏杨科技经营中面临诸多困境，典型的如在全国性扩张中，缺乏核心技术导致客户经营、市场开拓、区域影响力等方面都遇到阻力，经营业绩波动太大，多数扩张区域连盈亏平衡点都还未越过，拖累了本部的发展。而且，由于缺乏核心竞争力，省内区域的客户经营、市场开拓需要也无法根据新环境进行有效升级，还无法对客户分析、客户选择、客户服务、业务（项目）运作、资源整合等做出系统的战略性考虑，而更多的是应急式发展模式。

行业聚焦度不够、发展战略不清晰。近10年以来，宏杨科技主要依靠系统集成IT、智能楼宇IB为主的低附加值行业实现营业收入的不断增长，但是由于IT、IB行业竞争激烈，并且主要靠拼客户关系、拼企业人力来实现业务发展，经营方式仍较为粗放。行业聚焦度不够，导致企业经营规模大但企业竞争力不强。最为重要的是，与达实、泰豪、汉鼎和银江等上市公司相比，宏杨科技在IT、IB领域内部也未对各个细分领域进行深耕，在IT、IB细分领域没有话语权。这直接导致公司几大业务之间的关系紊乱，IT、IB大而不强，盈利能力不足，而软件行业的定位不清晰，最终形成支柱性、战略型业务成长不足，行业深耕不够，而新业务的探索又非常不足的困境。而在这种发展现状的背景下所开展的业务拓展是混乱而没有效率的。具体表现为业务拓展方式粗放，业务拓展方向缺乏指向性，指令性行业的拓展力度不足，由于没有核心技术、导致行业业务开拓的有效方式方法不多。在行业细分方面表现为：业务面广，但具备较强竞争力的产品、服务匮乏；行业信息化相关产品及解决方案乏力。在跨区域扩张方面表现为：为扩大规模而设立分公司，而不是为了拓展行业细分市场，由于缺乏核心竞争力，分公司依靠经营人脉实现业务拓展，必然导致区域扩张成本高昂、利润极低。

宏杨科技最新规划对发展战略表述仍未看到其经营战略所聚焦的行业。上市 IT 企业的行业发展战略一般可概括为公司本部的一点到细分行业（线），但是这个点是一群资质与核心技术的集合，通过它在细分行业领域的应用可以做大做强，当这个点在细分行业逐步做强之后，将开始推动由线到面（即由行业到区域）的发展，而宏杨科技恰恰缺乏由点到线这一步骤的战略行动，这可能是由于宏杨科技缺乏核心技术所导致的。

管理体制缺陷：快速的异地扩张形成众多分、子公司，导致管理、技术、销售团队稀释，人力资源不足。由于发展战略不聚焦形成了多地域、多业务发展模式，给公司管理增加了复杂度，干部和骨干员工的管理意识和方法普遍较弱，各类业务、分支机构的管理和支持明显不足。管理架构跟不上企业发展的形势需要，导致工程管理水平较低，客户满意度下降，对公司长期发展埋下隐患。

基于以上对比，我们对于宏杨科技发展阶段的基本判断如下：目前宏杨科技仍然处于摊大饼式的粗放经营阶段，处于对比企业上市前期的多行业、宽口径发展阶段，但是比上市 IT 企业早期的规模更大、实力更强，下一阶段发展需要进一步聚焦、提升竞争力。

过去 25 年来，宏杨科技从销售代理到软件开发、系统集成等业务的逐步开展和完善，扎根省内本土市场，不断开拓全国其他区域市场，于 2012 年完成了宏杨科技事业全国发展的初级版阶段。2013 年开始，宏杨科技进入了"系统提升综合能力，着力培育核心竞争力，全面参与全国市场竞争的关键阶段"。然而，机遇与挑战往往是共生的，在向全国扩张的过程中，宏杨科技品牌全国影响力不够、各地市场开拓不力、业绩增长乏力以及管理体制机制不完善等问题凸显，全国范围内整体的业务经营与管理开始承受巨大压力。

　　成长带来了希望，也带来了烦恼。当前互联网经济对传统 IT 企业提出了新的挑战，宏杨科技应如何应对？是沿着传统路径继续发展还是逐步进行战略调整？如何实施和完善全国性的扩张战略？如何在管理体制机制上进行创新和完善以对应公司发展战略等关于业务发展战略、商业模式、研发以及技术发展各方面的问题亟待剖析。余下部分，本书将结合软件科技信息企业的发展战略以及转型经验和教训，给宏杨科技提供一个参考，为中国中小型科技企业的战略转型提供一个可能的发展思路。

第4章 多元化与细分行业的专业化聚焦：双案例研究

4.1 泰豪科技起源与发展历程

根据泰豪公司主页介绍，泰豪科技股份有限公司（以下简称泰豪科技）是在江西省和清华大学"省校合作"推动下，在南昌国家高新开发区设立的高科技公司。泰豪科技于1996年3月在南昌成立，并于2002年7月在上海证券交易所上市，简称"泰豪科技"。经过多年的发展与积累，形成了完整的内控制度，建立了较为完善的治理结构，并在南昌、北京、上海、深圳、长春、济南、衡阳等地拥有20多家分、子公司，以及十多个高科技产业园区。表4-1为泰豪自创立以来的几个重要发展事件。

泰豪科技主营业务涉及智能电网、电机电源、军工信息和智能节能四大业务领域。在智能电网业务中，泰豪科技从事电力一次设备（智能装箱）、二次设备（智能配电、智能用电和能效管理）和电力软件等三次产品的研发与经营；电源电机业务以智能发电、配电产品及

表4-1 重要发展事件

时间	标志性事件
1996年3月	江西清华泰豪电器有限公司成立，即泰豪科技的前身
1998年7月	公司兼并江西三波电机总厂，奠定产业基础
2002年7月	泰豪科技在上海证交所挂牌上市
2006年5月	配股募集资金3.41亿元
2009年8月	配股募集资金6.42亿元
2012年5月	定向增发并购泰豪软件
2014年10月	启动非公开发行补充流动资金

资料来源：根据泰豪网站资料整理得出。

节能电动机设计、生产和销售核心，电源产品已经广泛应用于矿山、工厂、楼宇、交通、电力等领域，中标多个国家重点工程；军工信息领域涉及军用电站、通信指挥系统、引信弹药、卫星导航、特种空调等产品；智能节能业务是泰豪科技建立之初，依托清华大学，进入智能建筑电气产业，拥有建筑智能化工程专业承包一级等各项资质，表4-2为泰豪历年的经营概况。

表4-2 泰豪科技历年经营情况与经营战略回顾

年份	经营概况	具体战略
2011	一方面稳固行业市场，另一方面进一步开拓新的领域，并通过整合产业链条谋求新的发展。实现营业收入296683万元，较上年同期微降0.2%，实现净利润6403万元，较上年同期下降16.68%。公司智能节能业务实现销售收入182741万元，比上年同期增长11.2%；电机电源产品实现销售收入47943万元，比上年同期下降27.99%；装备信息产品实现销售收入61861万元，比上年同期增加0.43%	"强化绩效考核、强化成本控制、提升盈利能力"的主题，对内不断提高运营水平，强化责任意识，加强绩效考核，对外大力开拓市场，积极推进品牌建设，致力信息技术应用，创导智能科技生活，使公司成为引领中国智能节能产业发展的企业，实现电机电源产品专业国际化和装备信息产品相关规模化发展
2012	实现营业收入24.78亿元，虽较上年同期减少16.47%；但实现利润总额8771.70万元，较上年同期增长11.21%；归属于上市公司所有者的净利润为6947.98万元，较上年同期增长28.72%。截至2012年末，公司总资产59.40亿元，较上年同期增长22.10%；归属于上市公司所有者权益21.82亿元，较上年同期增长25.94%	致力信息技术应用，创导智能科技生活，使公司成为智能电网领域专业规模化、电机电源领域专业国际化和装备信息领域相关规模化发展的企业

续表

年份	经营概况	具体战略
2013	公司主要产业包括智能电力和装备信息产业,有效扩大发展规模,其中智能电力业务2013年实现营业收入11.1亿元,同比增长18.51%;装备信息业务2013年实现营业收入8.58亿元,同比增长26.49%,为公司在相关行业内保持平稳的运行态势提供了保障。但由于受股权处置收益减少及全资子公司泰豪沈阳电机有限公司亏损增加的影响,导致公司全年利润出现大幅下降	以提高电力智能化水平为目标,以电网产品和电源产品为核心业务,重点发展智能电力产业,并积极推动新能源发电业务发展,力争成为电力信息化领域专家型企业。根据发展战略规划及目标,对现有业务进一步有效梳理整合,已基本形成符合公司战略发展要求,适应市场发展的产业布局
2014	紧紧围绕"资产经营、资金经营、风险监控、产业发展、市值管理"的工作思路,加强内部管理,按计划推动各项工作,并取得了一定的成效。2014年,公司实现营业收入292070.96万元,同比增长16.76%;利润总额9396.22万元,同比增长156.96%,归属于上市公司净利润5859.59万元,同比增长299.32%,基本实现了公司年初制定的经营目标	坚持"聚焦战略、创新发展"的发展主题,集中资源发展军工装备和智能电力两大核心业务,对已有业务进行进一步梳理,致力于军工装备、智能电力领域的产业发展。同时,积极关注相关领域的并购机会,使公司成为军工装备领域的规模化企业和智能电力领域的专家型企业
2015	在内生方面,公司主要采取整合市场资源、拓展销售渠道、加强生产管控等措施,使得军工装备业务和智能电力业务规模得到较快增长。对与发展战略不相符的一系列资产及股权进行了处置,进一步明晰了主营业务方向,提升了内部运营效率。在外延发展方面,利用资本手段助力公司产业发展,提升盈利能力,积极关注相关领域的并购机会。以现金收购了海德馨51%的股权,并且筹划了发行股份购买博辕信息95.22%的股权。通过上述外延并购,基本完成了公司在智能电力的布局,提升了公司在智能电力领域的竞争力,快速整合公司现有电网产品产业链,抓住电改契机打造电力运营平台及电力整体解决方案。通过一系列的内外资源整合,公司已初步构建了军工装备和智能电力两大产业的整体布局,形成了以这两大产业为核心的主营业务体系。其中,军工装备产业主营车载通信指挥系统、军用电站和雷达产品等,主要应用于国防、军队装备等领域	坚持"内生外延、创新发展"的工作思路,对现有业务进行进一步梳理,实施聚焦战略,专注公司主营业务,集中资源发展军工装备和智能电力两大核心。军工装备业务围绕车载通信指挥系统、军用移动电站、导航和雷达产品的研制与服务,重点开展军工信息技术的研究与应用;智能电力业务围绕电力运行软件、智能应急电源、智能配用电设备的产品研制与服务,重点开展能源互联网技术的研究与应用。发展内生能力的同时,积极关注相关领域的并购机会,使公司成为军工装备领域的规模化企业和智能电力领域的专家型企业

资料来源:根据泰豪科技各年年报整理得出。

公司秉承"自强不息、厚德载物"的清华校训精神,"承担、探索、超越",积极实践"技术+资本"的发展模式。泰豪人信奉"个人的成功在于承担责任的实现,人生的价值在于不断地承担责任",注重建设以"承担责任实现"为核心价值观的企业文化,以期把泰豪建成中国高新技术产业领域国际化高科技企业。公司战略:致力信息技术应用,创导智能科技生活,使泰豪科技成为引领中国智能建筑电气产业发展的企业并实现电机产业的专业国际化。

4.2 经营战略转变

4.2.1 总体发展战略转型

2011年,泰豪以"强化绩效考核、强化成本控制、提升盈利能力"作为发展战略,一方面稳固行业市场,另一方面进一步开拓新的领域,并通过整合产业链条谋求新的发展。

2012年,突出主营业务,提升主导产品,强化绩效管理,通过购买泰豪软件完善智能电力板块,完善从设备到控制软件的整体服务链。通过剥离亏损业务,聚焦两大主业,实现稳定发展。2012年通过非公开发行股份购买泰豪软件股份有限公司(以下简称"泰豪软件")100%股权,为完善智能电力板块从设备到控制软件的整体服务链。并购泰豪软件的目的包括:①突出公司主业,延伸公司电力产品产业链:

公司通过整合泰豪软件，围绕电力信息化和电力自动化等方向，涉足更多的电力电气产品，延伸公司现有电力产品产业链，为公司带来新的利润增长点。②增强公司信息化水平：公司凭借泰豪软件的技术及研发实力，提升公司在智能节能领域信息化方面的能力，增强公司在智能节能领域的竞争力，提高市场占有率。③改善上市公司财务状况，增强持续盈利能力，承诺2012～2014年净利润分别为3157万元、3720万元、4558万元。2012年起开始新一轮的经营策略转变，将电机、建筑节能等业务相继剥离（见图4-1）。

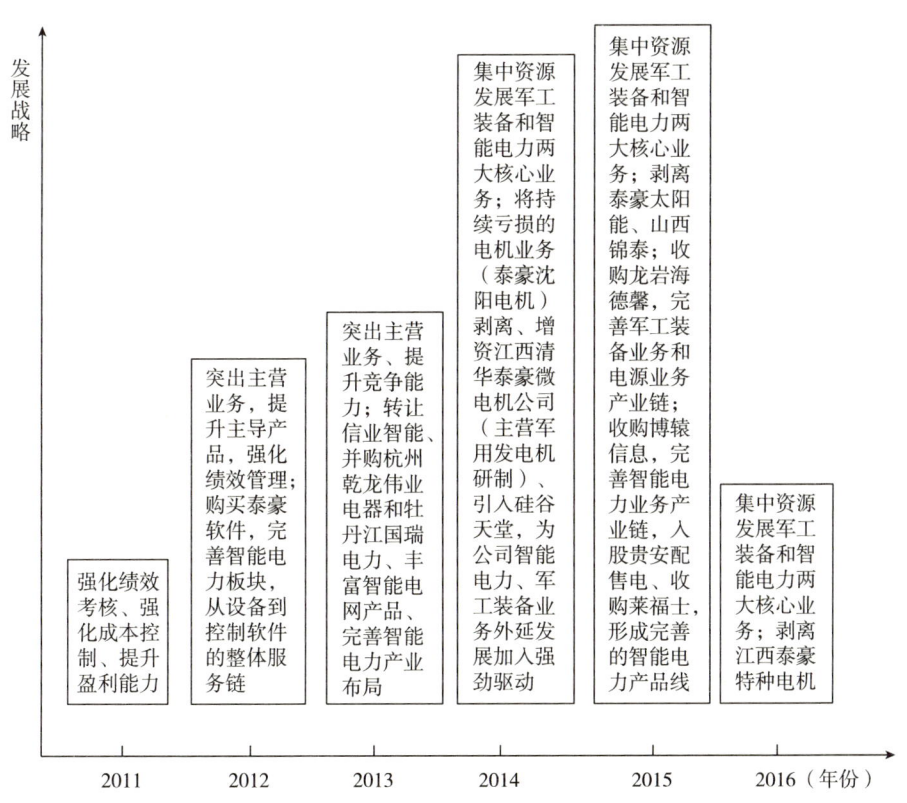

图4-1 泰豪发展战略转型

2013年，突出主营业务、提升竞争能力；转让信业智能、并购杭州乾龙伟业电器和牡丹江国瑞电力，丰富智能电网产品，完善智能电力产业布局。内部整合，构建军工资产大平台：自2013年底开始，公司便开始逐步精简整合上市平台中多项盈利能力下滑的业务。2013年，公司先后并购了杭州乾龙伟业电器成套有限公司和牡丹江国瑞电力设计有限公司，前者主要从事永磁开关式智能漏电保护器、智能配变终端、智能配电信息统一监控平台的研发销售，后者则主要提供送变电工程设计服务。通过对此上述两家公司的并购，丰富了公司的智能电网二次设备领域的产品，弥补了送变电工程设计资质的空白，公司在智能电力相关产业的布局得到了进一步完善。

2014年，集中资源发展军工装备和智能电力两大核心业务，将持续亏损的电机业务（泰豪沈阳电机）剥离、增资江西清华泰豪微电机公司（主营军用发电机研制）、引入硅谷天堂，为公司智能电力、军工装备业务外延发展（并购）加入强劲驱动。外延并购驱动公司发展，业绩弹性十足。公司2014年报明确表示积极关注相关领域的并购机会，使公司成为军工装备领域的规模化企业和智能电力领域的专家型企业。2014年10月14日，公司公告非公开发行股票，引入海外控股、南京传略、南京瑞森和硅谷天堂战略投资者；同时，在9月22日公告增资9000万元到全资子公司江西清华泰豪微电机有限公司，使其成为军工产业的整合平台。军工装备方面，公司通过"内生、外延"的同步扩张实现军工产业的突出优势，目前军工业务主要分为军工电子、军工机电和通信指挥三大板块，各板块市占率位居全国前三，新晋设立泰豪军工集团，继续积极推进产业并购和资源整合的步伐，旨在打造军工装备领域的规模化企业。智能电力业务方面，可细分为电

第 4 章　多元化与细分行业的专业化聚焦：双案例研究

网和电源两大板块，智能电力业务成立的 3 年间发展势头迅猛，将成为公司未来重要的利润增长点。公司借助"技术、市场"双重优势，将着力打造成智能电力领域的专家型企业。近期公司推出员工持股计划，彰显未来发展信心。公司近年来利润实现高速增长，不仅与亏损业务的剥离有关，更与"军工、智能电力"两大主业的不断推进有关。2014 年公司开始转变经营策略，将电机、建筑节能等业务相继剥离，集中资源发展军工装备业务和智能电力业务。2014 年 10 月 28 日，泰豪科技发布公告将持续亏损的电机业务（泰豪沈阳电机有限公司）剥离出上市公司。同时，泰豪科技再次调整业务布局，明确提出"集中资源发展军工装备和智能电力两大核心业务"。同年 9 月，泰豪科技实施向子公司江西清华泰豪微电机公司（主营军用发电机研制业务）增资。

2015 年，集中资源发展军工装备和智能电力两大核心业务；在内生方面，公司主要采取整合市场资源、拓展销售渠道、加强生产管控等措施，使得军工装备业务和智能电力业务规模得到较快增长。对与发展战略不相符的一系列资产及股权进行了处置，进一步明晰了主营业务方向，提升了内部运营效率。剥离泰豪太阳能、山西锦泰；收购龙岩海德馨，完善军工装备业务和电源业务产业链；收购博辕信息，完善智能电力业务产业链，入股贵安配售电、收购莱福士，形成完善的智能电力产品线。通过上述外延并购，基本完成公司在智能电力的布局，提升了公司在智能电力领域的竞争力。

泰豪科技收购海德馨既可以完善军工装备业务和电源业务产业链，又能提升公司整体盈利水平。海德馨是国内首家从事应急电源车等移动应急特种车辆研发销售的公司，主要产品为警报车、装备车、电源车、抢险救援照明车、餐车等，其中电源车产销量连续4年位列全国首位，海德馨下游市场集中在国防、电力、电信等领域，与泰豪科技军工和电源业务有很好的互补性。博辕信息致力于综合IT技术服务业务，立足能源行业，主要面向电力行业。服务内容方面，现阶段博辕信息提供的IT技术服务业务主要分为两大类：第一类是IT专业服务，主要包括系统运维和IT解决方案业务；第二类是大数据及云计算业务。博辕信息的业务在当前形成了以IT专业服务为主，大数据和云计算业务为辅，在未来将持续拓展以IT解决方案、大数据以及云计算为主要内容的业务发展策略。在服务应用领域方面，公司在深耕、巩固电力行业的基础上，逐步开发能源、政府、金融、制造等应用领域。博辕信息2014年之前的主要收入来源为IT技术服务类业务收入，业务增长较为平稳。2015年，除了继续深挖能源行业客户IT技术需求，扩大市场份额，保证业务平稳增长外，公司前期投入积累了数年的专业解决方案，大数据和云计算业务也成为公司营收增幅较高的原因。2016年，IT解决方案结合了大数据技术的资产全生命周期管理服务将有明显增长。2017年及以后，博辕信息各项业务收入将进入长周期的稳步增长阶段。

2016年集中资源发展军工装备和智能电力两大核心业务，剥离江西泰豪特种电机。

表4-3 泰豪历年分行业业绩

单位：万元

行业	2011年	2012年	2013年	2014年	2015年
智能节能	182741.28	93463.64	40388.6	—	—
电机电源	47943.43	63061.01	8637.18（电机产业）	9833.26（电机产品）	—

第4章 多元化与细分行业的专业化聚焦：双案例研究

续表

行业	2011年	2012年	2013年	2014年	2015年
装备信息	61860.76	67828.25	85795.17	86123.52（军工装备）	104837.19
智能电网业务		19808.67	111003.78（智能电力）	191236.12（智能电力）	237945.18
合计	292545.47	224352.9	245824.7	287192.9	342782.4

资料来源：根据泰豪科技各年年报整理得出。

从表4-3中可以清晰地看到，泰豪主营业务由原来的智能节能、电机电源、装备信息、电机产品等行业不断聚焦到军工装备与智能电力两大行业。而且，主营业务收入在2012年曾经出现下降，经过内部整合与外部并购，聚焦两个主业之后，业绩表现出稳定增长态势。

4.2.2 行业发展转型

主营业务变迁：在2002年公司上市初期，楼宇电气、发电机组产品为主要收入来源，其他业务涵盖部分装备信息产业。经过历年的对产业结构的多次调整和优化，到了2013年，公司形成了以智能电网、装备信息、智能节能和电机电源四大业务（见图4-2）。智能电网主要包括电力设备（主要包括中低压配电柜）、智能装置等电力一次设备的研发生产经营和电力调度管理应用软件；装备信息主要包括从事通信指挥系统、军用电站、卫星导航、弹药引信、雷达、特种空调等产品；智能节能主要包括城市智能、安防、节能解决方案；电机电源主要包括智能发电、配电产品及节能电动机产品。具体如表4-4所示。

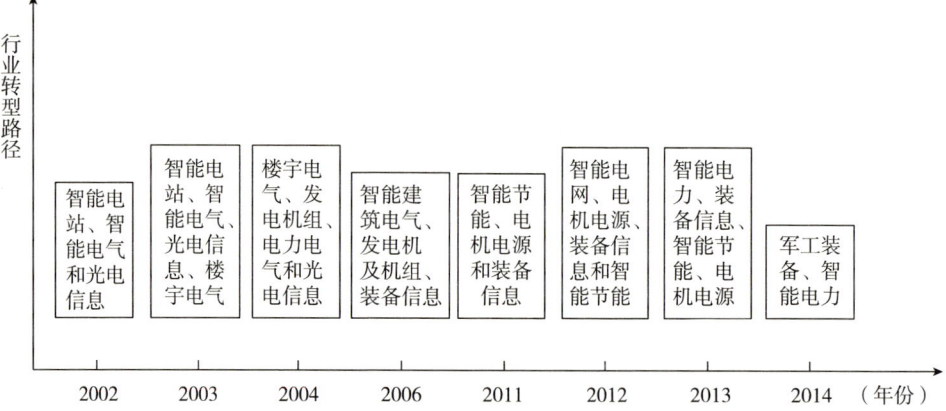

图4-2 泰豪行业转型路径

表4-4 主营业务变迁

年份	主营业务
2002	智能电站产品、智能电气产品和光电信息产品
2003	智能电站产品、智能电气产品和光电信息产品、楼宇电气产品
2004	楼宇电气、发电机组、电力电气和光电信息产品
2006	智能建筑电气、发电机及机组、装备信息产品三大类
2011	智能节能业务、电机电源业务和装备信息业务
2012	智能电网业务、电机电源业务、装备信息业务和智能节能业务
2013	智能电力、装备信息、智能节能、电机产品四大类
2014	聚焦军工装备、智能电力两大产业

资料来源：根据泰豪网站资料整理得出。

4.2.3 战略转型路径

主营业务战略转型步骤：

第一，剥离不良资产、轻装上阵；

第二，加大公司优势产业：智能电网、装备信息行业的重点投入；

第三，针对智能电网和装备信息分别引入战略投资者和管理团队持股。

在业务层面：加减有法，整合有序。

（1）减，剥离亏损业务。在传统方面，由于业务涉及的行业太散、太过多元化，部分行业领域的业务长年盈利能力差，公司于2014年确立聚焦电力和军工设备业务的战略，陆续将其他行业的业务逐渐剥离。自2014年开始，两年来，泰豪已基本完成亏损业务的剥离，业务结构更加简洁，发展思路更加明晰。公司2013年10月开始便逐步剥离上市平台中多项盈利能力不足的业务：因信业智能盈利能力较差，2013年底，公司将其持有的信业智能23%的股权转让至"北京泰豪智能"；其后，2015年相继剥离泰豪太阳能、山西锦泰，2016年1月公司剥离江西泰豪特种电机。随着建筑节能、电机、太阳能业务的相继剥离，公司战略逐步向军工装备和智能电力业务转型，2014年确定了集中资源发展智能电力和军工装备的业务。

（2）加，整合军工平台，做强智能电力板块。内部整合军工装备业务板块，积极打造军工平台。公司将泰豪三波电机100%的股权转让给江西泰豪军工，本次转让完成后，三波电机由本公司全资子公司变为本公司全资孙公司。三波电机的股权转让实质是将三波电机的优势产品（军用电源、电机）整合至公司的军工装备平台。公司公告显示三波电机中标"总装备部通用装备保障部2015年度通用装备修理共用设备器材采贩项目"，中标货物为野外发电机组，中标鳌额约7768.9万元。2015年10月，公司将持有"泰豪通信车辆"90.19%的股权转让给"泰豪军工"，本次转让完成后，泰豪通信车辆由公司子公司变为孙公司，再次印证公司计划将优势资产逐步注入"泰豪军工"的步伐获得进一步推进。

外延扩大军工业务竞争力。同时，公司为完善军工装备产品产业链，提升公司在军工行业市场的竞争力，公司收购龙岩市海德馨汽车有限公司51%的股权。海德馨是国内首家从事包括应急电源车在内的应急特种车辆研发、制造和销售的公司，其主要产品为装备车、警报车、抢险救援照明车、电源车、餐车等，产品主要销往国家电力系统、军方市场、电信运营商等。

外延完善智能电力产业链布局。同时，为完善智能电力产业链布局，公司于2015年11月收购博辕信息95.20%的股权。博辕信息是一个立足能源行业，主要为国网提供IT服务的信息技术综合服务提供商。通过此次收购，泰豪大幅提升其在智能电力领域的软件实力（见表4-5）。

表4-5 泰豪财务资产状况 单位：万元

年份	2010	2011	2012	2013	2014	2015
营业收入	297243.7	296683	247807.7	250148.9	292071	348809.6
营业成本	244731	245407.1	203330.5	207605.7	242040.3	294786.8
营业利润	9147.6	5358.8	8796.1	2401.9	6240.6	9930.9
销售费用	16006.7	17113.5	12282	13134.2	11943.5	12616.2
管理费用	17669.5	18383.8	16562.5	19022.8	19425.5	20530.5
净利润	7684	6402.6	6952.9	1964.9	5817.9	10085.7

注：所有指标均来源于上市公司合并利润报表数据。
资料来源：根据泰豪科技各年年报整理得出。

泰豪在经历了主营业务战略转型后，通过逐步剥离边沿行业的亏损业务，不断强化核心业务的资源集聚，最终确立了集中资源、做强智能电力和军工装备两大板块。经过2013年以来的业务剥离、调整，泰豪盈利能力迅速得以提升，2014年比2013年盈利超过将近2倍，

2015年更是在2014年的基础上几乎倍增,实现了历史以来最大规模的盈利,突破1亿元。

4.3 东软集团起源与发展历程

4.3.1 东软集团起源与重大发展事件

东软是我国领先的IT解决方案与服务提供商,目前拥有员工2万余名。1993年,中外合资的东软软件股份有限公司在沈阳注册成立,标志着东软集团的正式起步。1996年,东软公司获证监会批准向社会公众发行股票并于上海证交所挂牌上市。此后,东软公司迎来了飞速发展的黄金时期,公司先由中外合资变更为内资控股,而后又进行了一系列公司股权分置改革,逐渐形成了以软件开发和软件服务、系统集成及提供全面解决方案、医疗系统产品生产和销售为主要业务领域的高科技企业(见表4-6)。

表4-6 东软发展重要节点事件

时间	发展节点事件	备注
1993年6月7日	注册成立的中外合资股份有限公司	原名:沈阳东软软件股份有限公司
1996年5月9日	中国证券监督管理委员会批准,首次向社会公众发行人民币普通股1500万股,皆为向境内投资人发行的以人民币认购的内资股	

续表

时间	发展节点事件	备注
1996年6月18日	上海证券交易所挂牌上市	
2004年3月5日	本公司原控股股东东软集团有限公司向本公司原第二大股东阿尔派电子（中国）有限公司协议收购其所持有的本公司外资法人股	公司由此变更为内资股份有限公司
2006年3月27日	公司股权分置改革相关股东会议审议通过了《沈阳东软软件股份有限公司股权分置改革方案》	
2008年5月30日	公司2007年度股东大会审议通过公司名称由"沈阳东软软件股份有限公司"变更为"东软集团股份有限公司"	
2011年12月31日	本公司及纳入合并范围的子公司（以下简称"本集团"）是以软件开发和软件服务、系统集成及提供全面解决方案、医疗系统产品生产和销售为主要业务领域的高科技企业。软件开发及系统集成主要面向各基础行业提供全面解决方案；医疗系统产品主要是充分发挥公司在软件方面的技术优势，向医疗行业提供CT、X光机、彩超、核磁共振等高智能的数字化医疗产品	

资料来源：根据东软各年年报整理得出。

4.3.2 东软发展历程

东软品牌的建立经历了一个漫长的由初创到发展到最终形成的过程。如表4-7所示，1988~1996年，东北大学依托校内资源，与日本企业开展广泛合作，初步建立的公司经一系列合并及股份制改造后，最终形成了东软集团并在上交所挂牌上市。此后，东软集团引入战略投资者，实施东软品牌整合战略，开展战略重组，成立海外分公司等一系列重要举措扩大了东软品牌在国内外的影响力。如今，东软与世界一流的公司开展合作，并为世界提供IT业务、云业务和医疗业务等优质服务（见表4-7）。

表4-7 东软发展标志性事件回顾

年份	发展标志性事件	备注
1988年初	东北工学院教授刘积仁博士与两名青年教师,创建了"计算机系计算机网络工程研究室"	
1989	以研究室为依托,与日本ALPINE株式会社开展业务合作,尝试技术出口和软件委托开发业务(软件外包)	
1991	"东北工学院开放软件(OPENSOFT)系统开发公司"成立;与日本ALPINE株式会社合资成立"沈阳东工阿尔派音软件研究所(有限公司)"	
1992	"东北工学院开放软件系统开发公司"进行股份制改造,成立"东北工学院开放软件系统股份有限公司"	
1993	"东北工学院开放软件系统股份有限公司"与"沈阳东工阿尔派音软件研究所"合并,成立"沈阳东大阿尔派软件股份有限公司"	"东北工学院计算机软件研究与开发中心"更名为"东北大学软件中心",该中心成为中国第一个"计算机软件国家工程研究中心"
1995	"东大软件园"正式奠基和投入建设;"东北大学计算机影像工程技术研究中心"并入东软	东软开始进入CT等医疗系统领域
1996	"东北大学软件集团有限公司"成立	6月18日,东大阿尔派软件股份有限公司股票在上海证券交易所上市,东大阿尔派软件股份有限公司成为中国首家上市的软件公司
1998	东大阿尔派软件股份有限公司正式通过ISO9001质量认证	CT-C2000系列CT机通过CE认证
2001	东软实施品牌整合战略,统一"东软/Neusoft"品牌;"东大阿尔派"更名为"东软股份";东软日本公司成立	东软股份成为中国首家通过CMM 3级评估的软件企业
2003	东软集团完成战略重组;东软软件园产业发展有限公司成立	东软磁共振产品通过CE认证
2006	SAP、Intel先后投资东软,成为东软战略投资者	开始进入BPO业务领域

续表

年份	发展标志性事件	备注
2008	东软集团完成整体上市计划,并发布公司新的发展战略,致力于成为全球优秀的IT解决方案与服务供应商	通过PCMM ML3评估,成为第一家通过该项认证的中国软件公司
2009	东软欧洲公司成立;东软正式向全球发布其三款旗舰新品NeuViz 16多层螺旋CT、Sparkler 1.5T超导磁共振成像系统、Neulife直线加速器治疗系统	
2011	东软投资成立熙康子公司,发布东软"健康云"战略;东软与NEC联合成立日电东软信息技术有限公司,在中国市场共同推进云计算业务	东软与东芝解决方案株式会社合资成立沈阳东芝东软信息系统有限公司;东软成为第一家通过PCMM Level5评估的中国企业
2012	东软医疗成功推出NeuViz 64多层螺旋CT,并获得FDA、CE、SFDA等资质认证	东软第六次入围IAOP"全球外包100强"榜单;东软荣获2012年亚洲最受赏识的知识型企业(MAKE)奖项;东软入围波士顿咨询公司"BCG中国50强全球挑战者"榜单
2014	东软与阿里云签署战略合作协议,在云业务领域展开全面合作;东软改组成立全资子公司——东软云科技有限公司	东软第八次入围IAOP"全球外包100强";东软第三次入围普华永道"全球软件提供商100强"榜单
2015	东软医疗正式推出NeuViz 128精睿CT并出口国际市场	

资料来源:根据东软各年年报整理得出。

4.4 东软发展战略转型

4.4.1 总体发展战略转型

2011年,加强业务规划和研发策划,拓展高端客户的核心业务,加强行业间收购兼并,加大在核心业务领域的研发投入,推动商业模式创新,积极布局新业务领域。公司聚焦并重点布局高端客户群,政府、医疗IT、电信、金融等行业的核心业务竞争力得到进一步增强,业务规模及市场地位不断提升。同时,公司加强组织结构调整,对部分业务单元进行归并整合,以优化资源配置推动优势业务发展。

2012年,加强核心业务能力构建,以创造客户价值为中心,加强销售组织部署,以商业模式创新和知识资产驱动业务增长,实现公司业务可持续、规模化发展。继续巩固和加强已有行业和业务的市场竞争地位,政府、医疗IT、能源、金融等行业实现快速发展。公司加强针对运营商、城商行、媒体及其他新兴业务领域的市场开拓力度,以获取新的市场机会。

2013年,聚焦核心业务发展,全面加强核心业务的专业化、系统化竞争能力,深化业务结构优化与组织能力建设,推动公司业务的可持续、规模化、高质量发展。围绕关键价值客户,构建全面新型客户关系,进一步巩固和提升在政府、电信、能源、医疗IT、金融等领域的业务竞争能力和市场地位,在智慧城市、智慧健康、云应用服务等领域取得了快速发展。在智慧城市领域,公司通过资源整合、融合创新,构建东软智慧城市整体解决方案,积极参与国家住建部智慧城市试点申报工作,承接多个省份的智慧城市建设工作,在2013年中国智慧城市年会上,公司荣获"智慧城市优秀解决方案奖"。在健康管理服务领域,公司持续加大研发与市场投入,新推出熙康BUDDY蓝牙智能腕表等可穿戴终端,发布"熙康走跑族""熙康饮食""瘦瘦"等多款应用,在沈阳、北京等地新建的多家健康管理中心,其业务进展比较顺利(见图4-3)。

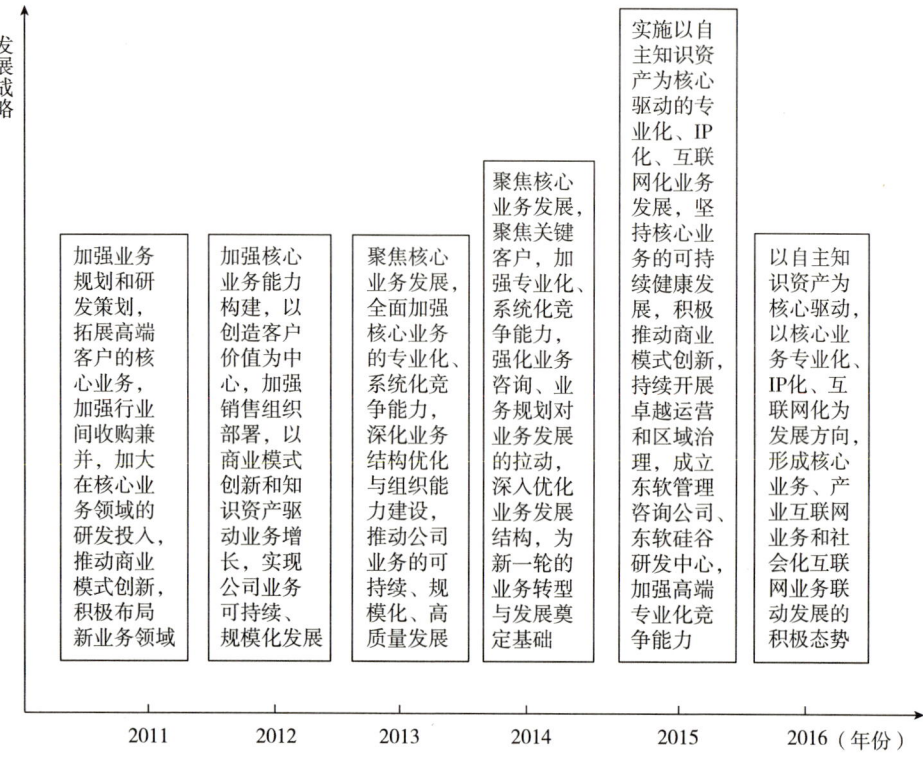

图 4-3 东软发展战略转型

2014年,聚焦核心业务发展,聚焦关键客户,加强专业化、系统化竞争能力,强化业务咨询、业务规划对业务发展的拉动,深入优化业务发展结构,为新一轮的业务转型与发展奠定基础。①聚焦核心业务发展,聚焦关键客户,全面加强核心业务的专业化、系统化竞争能力,强化业务咨询、业务规划对业务发展的拉动,深化业务结构优化与组织能力建设,推动公司业务的可持续、规模化、高质量发展,为新一轮的业务转型与发展奠定基础。②聚焦关键价值客户,系统地构造客户发展团队,积极与关键客户共同构建基于云的BBC多边商业模式,建立新型客户关系,集中优势销售资源,大力发展有机会成为领导者的业务,推进垂直应用领域云服务的业务开拓。③积极发展基于云服务、物联网、IP 及产品线的业务模式,加快基于互联网的商业模式创新,积极推动移动互联网时代的业务资源整合,加大可驱动业务持续增长的知识资产的研发投入,全面推动公司可复用资产价值化。

2015 年实施以自主知识资产为核心驱动的专业化、IP 化、互联网化业务发展,坚持核心业务的可持续健康发展,积极推动商业模式创新,持续开展卓越运营和区域治理,成立东软管理咨询公司、东软硅谷研发中心,加强高端专业化竞争能力。基于行业应用、业务应用与共性技术平台的应用软件解决方案,构造领域核心平台,推动核心业务向高质量、高内涵规模化发展。公司持续巩固和提升在政府、电信、能源、医疗 IT 等领域的市场领导者地位,加强社会保障、公共卫生、医院信息化、汽车电子等细分业务专业化、系统化竞争能力。在健康管理服务领域,公司加快拓展区域健康管理业务,在成都、宁波、广州等 10 个城市设立健康管理中心;推动全国农村基层医疗健康服务信息化项目发展,覆盖海南、四川、云南等 11 个省份。

2016 年,以自主知识资产为核心驱动,以核心业务专业化、IP 化、互联网化为发展方向,形成核心业务、产业互联网业务和社会化互联网业务联动发展的积极态势。

表 4-8 东软财务资产状况　　　　　单位:万元

年份	2010	2011	2012	2013	2014	2015
营业收入	493769.64	575124.93	696019.50	745275.32	779633.13	775169.17
营业成本	338362.88	400499.84	472972.09	530868.06	556270.51	531968.45
营业利润	40749.19	31030.02	40949.74	24136.75	9759.89	13711.63
销售费用	39190.41	49792.02	63507.48	65757.30	66380.84	73434.81
管理费用	71391.67	81995.78	98594.49	117399.77	137086.09	144031.54
净利润	50730.25	42354.56	43576.90	38453.14	24433.01	30644.77

注:所有指标均来源于上市公司合并利润报表数据。
资料来源:根据东软各年年报整理得出。

如表4-8所示,在东软不断转型过程中,公司始终保持稳健持续的增长态势。公司营业额从2010年的不到50亿元,稳步增长到2015年的77.5亿元。由于转型过程中,公司在研发投入、技术创新以及聚焦细分市场等方面支出较大,因此我们观察到企业的净利润并没有出现明显的、大幅度增长,而是保持稳中有降的态势。但是,随着公司在基础性技术、研发上的不断储备,公司的可持续竞争力以及后期的利润增长能力相信都会变得很强。

4.4.2 行业发展转型

2011年,软件系统集成方面聚焦并重点布局高端客户群,行业核心业务竞争力得到增强,聚焦并重点布局高端客户群,政府、医疗IT、电信、金融等行业的核心业务竞争力得到进一步增强,业务规模及市场地位不断提升。同时,公司加强组织结构调整,对部分业务单元进行归并整合,以优化资源配置推动优势业务发展。医疗系统业务方面,成功发布NeuPioneer DR等新产品,同时64层CT产品研发项目顺利进入临床验证阶段,加强成本费用控制和存货管理,保障业务的持续发展。同时,不断优化全球销售和服务网络布局,收购北京望海、发布东软"健康云"战略,为创新业务发展奠定了基础。

2012年软件系统集成方面,继续巩固和加强已有行业和业务的市场竞争地位,政府、医疗IT、能源、金融等行业实现快速发展;加强针对运营商、城商行、媒体及其他新兴业务领域的市场开拓力度,以获取新的市场机会。加大在云计算及物联网、医疗设备、汽车信息技术、业务基础平台等方面的研发投入,在医疗系统业务方面,熙康云平台及应用研发取得积极进展，公司持续加强研发投入并取得成效（见图4-4）。

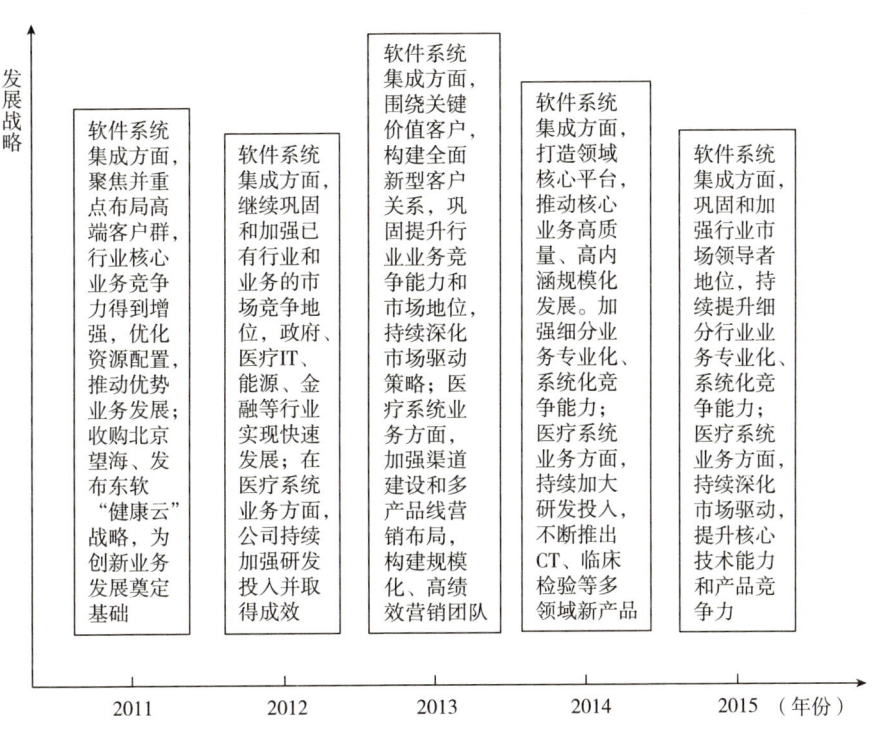

图4-4 东软行业发展转型

2013年，在软件系统集成方面，围绕关键价值客户，构建全面新型客户关系，巩固提升行业业务竞争能力和市场地位，持续深化市场驱动策略，基于互联网的多元化商业模式应用创新和知识资产驱动业务增长；医疗系统业务方面，加强渠道建设和多产品线营销布局，构建规模化、高绩效营销团队。

2014年，在软件系统集成方面，打造领域核心平台，推动核心业务向高质量高内涵规模化发展。加强细分业务专业化、系统化竞争能力；医疗系统业务方面持续加大研发投入，不断推出CT、临床检验等

跨产业升级、战略转型与企业竞争力提升研究

多领域新产品,提升核心技术能力和产品竞争力,加速市场扩张与客户覆盖,加强老客户重置,为未来业务拓展奠定基础。持续巩固和提升在政府、电信、能源、医疗IT等领域的市场领导者地位,加强社会保障、公共卫生、医院信息化、汽车电子等细分业务专业化、系统化竞争能力。

2015年,在软件系统集成方面,巩固和加强行业市场领导者地位,持续提升细分行业业务专业化、系统化竞争能力,积极部署和实施以自主知识资产为核心驱动的专业化、IP化、互联网化业务发展,坚持核心业务的可持续健康发展。积极推动基于云、大数据及互联网的多元化商业模式创新,融入客户生态系统并开展协同创新,凭借持续的知识资产、行业经验、用户及合作伙伴资源的积累优势,为公司产业互联网及社会化互联网业务发展奠定扎实基础,通过金融资本、产业融合与商业模式创新,实现业务规模化、高质量、可持续发展;在医疗系统业务方面,持续深化市场驱动,提升核心技术能力和产品竞争力,加强市场销售渠道与服务平台的建设,进一步拓展北美、中东、非洲等全球区域市场。

4.4.3 转型路径

公司于1996年上市,是中国第一家上市的软件企业,是中国最大的IT解决方案与服务供应商。目前,公司拥有员工20121名,在中国建立了6个软件研发基地、8个区域总部、16个软件开发与技术支持中心,在40多个城市建立营销与服务网络。公司以软件技术为核心,通过软件与服务的结合、软件与制造的结合、技术与行业管理能力的

结合，提供行业解决方案、产品工程解决方案及相关软件产品、平台及服务等。

公司行业布局广泛、深入，且潜力巨大。伴随着公司在行业信息化近20年的耕耘，目前在国内解决方案业务方向，公司已经将业务领域布局到医疗、电信、电力、金融、政府、教育、交通、制造、物流等诸多重点行业领域，且在各领域产品线均十分丰富。医疗业务作为公司面向未来的重点布局业务，目前公司医疗业务领域已是国内布局最广泛、产品线最丰富、研发实力最强的企业，覆盖了包括医疗IT业务、医疗设备和医疗健康服务等主要医疗领域，所处行业为万亿级市场规模。从医疗设备、医疗信息系统、健康管理、远程医疗等方面，已经形成完整的医疗产品组合，形成了公司未来以大医疗战略为核心的发展路线。

2012年以来，中国软件与信息服务业将以更快的速度融入全球化的过程中。东软努力适应不断变化的市场和商业环境，从一家中国本土企业向一家成熟的新兴跨国公司转变；从以人员为基础的增长模式，向以知识资产来驱动增长的模式转变；从以技术为中心的商业模式，向以客户价值为中心的模式转变；从以中国为中心的成长模式，向以全球市场机会为中心的模式转变。通过创新、转变不断提升核心竞争力，实现成为全球优秀的IT解决方案和服务供应商的目标。2011年筹划成立东软硅谷研发中心，强化业务规划对业务发展的拉动。公司自2008年以来逐渐认识到全球新技术发展和市场需求发展的趋势，在强化研发实力的同时，积极开始在医疗、智能移动终端、汽车电子等重点行业和云计算、物联网等新技术领域进行重点布局，已陆续有所斩获。经过3年多的业务布局，阶段性战略转型已基本完成，丰收果实正在显现，跨越式发展新篇章开启。以下，我们主要根据海通证券对东软集团的研究报告《龙头崛起，开启新变革》来看东软近年来的转型路径（海通证券，2015）。

经过转型，东软基本完成了从软件外包服务商到行业解决方案提供商的转型，形成以大健康战略为核心的发展方向：结合底层IT集成设施建设（云计算数据中心）、中间行业数据平台（区域医疗信息平台+电子病历）、顶层的全面医疗信息化应用解决方案为核心（HIS、PACS、移动医疗等），以及创新的医疗服务运营商业模式（熙康模式）的IT服务商。已经成功布局最主要的行业，如政府、医疗、汽车电子、电信、金融、教育、能源、制造业等，并且已经对这些行业拥有成功的解决方案和实施经验，为长期稳定的发展奠定基础。

IT龙头踏上变革新征程。东软是国内领先的IT综合解决方案提供商，也是国内第一家上市的软件公司。经过20多年的发展，东软在行业解决方案领域逐步确立了领导地位。在传统软件服务模式向基于流量和数据的互联网商业模式转变的浪潮中，东软已经开始逐步突破已有的禁锢，开启了新变革，这种变革既包括管理制度上的突破，也包括新战略布局带来的商业模式上的创新（海通证券，2015）。

新变革的基础：离大数据最近的公司。东软在传统IT和行业解决方案中积累和沉淀了丰富、海量、多维的政府和行业大数据，行业覆盖延伸到了电信、教育、能源、交通、环保、社保、政府、医疗卫生和金融等众多领域。数据的广度和深度为东软开展基于大数据变现的服务奠定了坚实基础（海通证券，2015）。

新变革的方向：互联网医疗+汽车电子&车联网+云计算大数据。①医疗健康和医保，依托积累的上千家的医院和150余家的保险管理客户资源,以及用户量达2000多万的熙康云平台和不断进行城市拓展的云医院,东软医疗有望逐步从传统医疗的技术变现、客户资源变现的逐步流量和数据变现的商业模式转移。②汽车电子和车联网。东软拥有遍布全球3000多名的汽车电子专家团队,逐步从Tear2向Tear1进军。并基于其在驾驶行为方面的前瞻性研发和丰富的保险客户资源,开启基于UBI的车联网变现模式。③云计算和大数据平台,以UniEAP基础业务平台、SaCa云应用平台、Realsight大数据分析应用平台为支撑,提供基于大数据分析以及云服务(海通证券,2015)(见图4-5)。

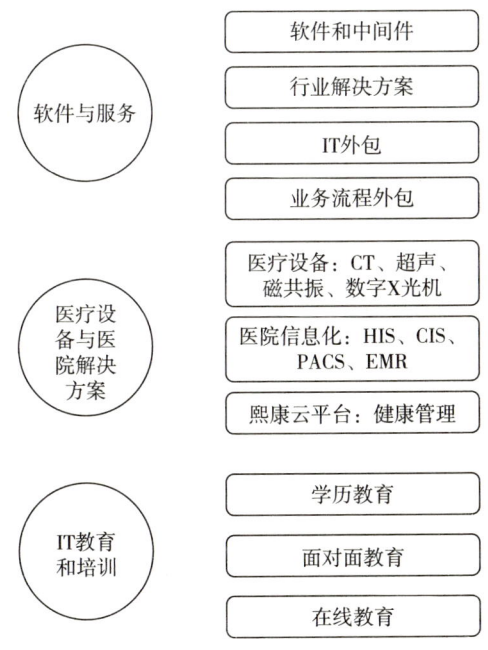

图4-5 东软主营行业

资料来源:《海通证券研报》(2015)。

新变革的方向:从IT到DT的变革。传统的软件外包行业是一个

"数人头"的行业，企业收入的增加需要人员规模的增加来实现。在目前人力成本快速上升的同时，传统的商业模式难以为企业创造更大的利润空间。东软在两年前就提出了软件业务转型的战略，在目前基于大数据和互联网流量变现的新的商业模式下，东软将依靠传统业务实现的技术积累和数据沉淀进行新的商业模式的探索和开发（海通证券，2015）（见图4-6）。

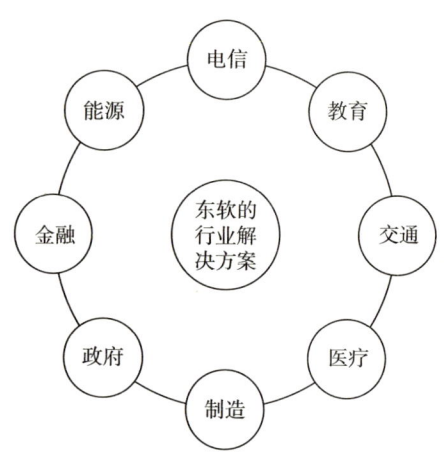

图4-6 东软行业解决方案

资料来源：《海通证券研报》（2015）。

新变革：三大业务战略布局。东软通过此次增发踏上新征程，顺应IT变革趋势，积极布局三大业务领域：①大健康医疗健康与医保；②汽车电子与车联网；③大数据与云平台。

4.4.3.1 大健康：医疗健康与医保

医疗业务布局广泛。东软1997年开始涉足医疗信息化领域，目前提供的产品覆盖到医疗领域的硬件、软件和服务多个方面。根据IDC

数据,东软在医疗 IT 领域的市场份额连续多年排名第一。

(1) 医疗业务布局一:医学影像设备。产品线:CT 扫描仪、超声、磁共振、数字 X 光机等。行业地位:东软医学影像设备核心产品 CT 目前国内市场排名第二,MR 国内品牌排名第一。2015 年 5 月,东软医疗发布了首台国产 128 层 CT,打破国外厂商长期以来的垄断,目前该设备已经销售 50 多台(单价 800 万~1200 万元)。竞争格局:在该领域,国内市场的主要竞争对手包括:GE、西门子和飞利浦。目前东软在该市场已经做了国内厂商第一;相比国外厂商,东软的优势包括:①价格优势,性价比更高;②客户资源优势;③本土化服务优势(见图 4-7)。

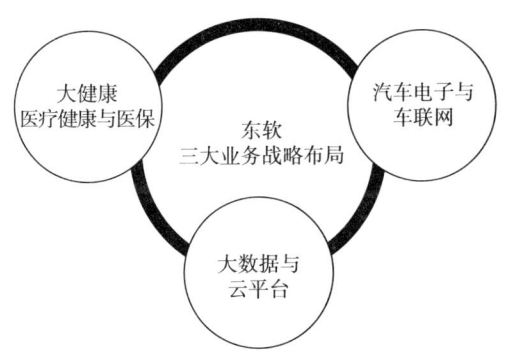

图 4-7 东软三大业务战略布局

资料来源:《海通证券研报》(2015)。

(2) 医疗业务布局二:医院信息化解决方案。产品线:HIS(医院信息系统)、CIS(临床信息系统)、LIS(检验信息系统)、EMR(电子病历)、PACS(医疗影像归档和通信系统)、RIS(放射信息系统)、CAD。竞争对手有 HIS 领域:卫宁软件、东华软件、创业软件;EMR 领域:金蝶、卫宁、曼荼罗。行业地位包括:①HIS 领域:东软市场占有率第一。全国800多家三甲医院中，东软客户有300多家，市占率在40%以上，在前100名医院中，公司产品覆盖到60%以上。②EMR领域：东软在EMR领域处于国内领先地位。

（3）医疗业务布局三：互联网医疗（健康管理+云医院）。熙康云平台成立于2011年，目前，东软熙康在中国30多个城市推进"健康城市""健康社区"的布局，建成了覆盖5000多个城乡社区、2000多万人口的健康医疗服务网络。在政府的推动和监管下，熙康云医院搭建连接居民、医疗结构、支付方、第三方机构的平台，利益共享，构建医疗健康服务的生态系统。

云医院：2014年9月，东软熙康与宁波市卫生局正式签署战略合作协议，联手打造基于云计算、互联网、传感器、大数据等先进技术，中国首家云端、O2O（线上线下相结合）医疗服务模式——宁波云医院平台。2015年3月，宁波云平台启动运营。截至9月，签约医生数量175名，服务病人6300多人。

4.4.3.2 汽车电子与车联网

汽车电子业务基础深厚。1991年，东软与阿尔派合作开始进行汽车电子相关产品的研发和生产。经过20多年的发展，东软的汽车电子研发团队的规模已经多达1200人，专家团队遍布欧洲、美国、日本等地，累计合作开发产品300模型以上，目前年开发50模型以上。产品面向的市场包括北美、拉美、欧洲、日本、东南亚、中国等国家。目前，东软已经成为汽车电子的领军企业。东软的汽车电子业务包括：车载娱乐、汽车导航、Telematics/LBS、汽车辅助驾驶、车载通信等业务。业务优势：公司提供的汽车电子产品打通了汽车前装和后装的垂直产业链。

汽车电子业务的拓展：智能化、互联网化、新能源化。睿驰成立。2015年7月底，公司与阿尔派合资成立了东软睿驰汽车技术有限公司。东软是带着研发技术、设备以及知识专利入股成立，另外还有阿尔派的世界级高品质汽车多媒体制造技术的支持。主营业务包括：①新能源汽车电池组管理和智能充电关键技术的电动汽车动力系统。②以图像识别、传感器融合为核心技术的高级驾驶辅助系统和无人驾驶关键技术。③基于开放云平台的Telematics车联网。睿驰首款产品落地。2015年11月，睿驰推出了基于互联网的智能充电系统，该智能充电系统中的充电桩网络由接入互联网的充电桩构成，实现车、桩及充电全过程数据的采集。该智能充电系统以云端服务与数据平台为枢纽，实现V2G（Vehicle to Grid）网络、充电桩网络和手机APP网络的三网智能互联，可让电动汽车的使用者们通过手机安装东软睿驰充电APP，享受从查找充电桩到充电、支付全过程的便捷体验。东软睿驰是目前国内唯一一家运用电力线载波技术实现车桩互联的厂商。

4.4.3.3 东软具有的业务优势

（1）汽车电子领域的深厚积累。东软在电子领域实施全球化战略，且已经在德国、日本、美国等地建立了研发中心。目前公司从事汽车电子信息技术研发的员工3000余名遍布全球。拥有比较齐全的汽车电子产品线包括，车载信息娱乐、T-Box、Telematics车联网，手机车机互联、车载信息安全等。

（2）与汽车产业链厂商的合作。公司与多家世界著名汽车产业链上的厂商都具有良好的战略合作关系，可以获取强有力的技术支持和保障。目前，其合作的厂商包括：①车厂：包括Honda、宝马、奔驰、大众、宾利、Jeep、法拉利、丰田等国家品牌厂商以及绝大部分的国内品牌车厂；②汽车电子厂商：包括 Harman、Denso、松下等；③内容服务商：包括 Nokia、TOMTOM、Zenrin、四维图新等厂商。

（3）驾驶行为分析领域的前瞻性探索。东软积极在驾驶行为领域进行前瞻性研发和布局。目前，东软的驾驶行为分析研发项目已经实现 5 大类 80 多种数据采集接入，可以实现 20 余种驾驶行为分析模型，其中仅靠手机就可以识别十多种不良驾驶行为。同时，东软的驾驶行为分析模型经过了数万里驾驶数据的模型准确性校验。产品布局实现了从终端驾驶数据采集 APP，到云端数据分析和服务平台的扩展。

4.4.3.4 云计算与大数据应用平台

东软在云计算领域深耕多年，不断加大研发投入强化公司在行业的解决方案、智能互联产品、平台产品、云和数据服务四大领域的核心竞争能力。东软的云平台以 UniEAP 和 SaCa 云平台为基础。

东软的云计算和大数据平台在公司整个战略中起到的是基础架构支撑作用，贯穿于各条业务线，能够为各个业务的快速交付以及创新业务的快速上线提供坚实的 IT 架构保证。东软在共性技术的研发方面一直比较注重，公司之所以能够覆盖如此多的行业解决方案与公司在共性技术的研发投入密切相关。目前，公司在大数据与云平台领域拥有丰富的业务积累，UniEAP 和 SaCa 在政府、医疗、制造、电信、能源、教育、金融、交通等多个行业领域已拥有 2500 多家客户、几万名开发者，服务于近 10 亿用户。

表 4-9 为东软最近 5 年的主营业务收入情况。总体上来看，东软集团总收入规模较大，2011 年即达到了 57 亿元，而且每年都保持较快的增速。作为东软的支柱行业，软件与系统集成一直是东软收入的主要来源，长期占总收入比重在 80% 以上。医疗系统作为东软的战略

性创新业务,一直以来处于培育期,经过近20年的培育,医疗系统业务在2014年出现爆发性增长,营业收入达到14亿元,预计随着医疗系统研发和技术积累的不断增厚,未来医疗系统可能成为东软集团最为强劲的收入增长源(见表4-9)。

表4-9 东软历年各行业营业收入表　　　　单位:万元

行业	2011年	2012年	2013年	2014年	2015年
软件及系统集成	483051.91	597504.79	648062.89	632233.69	614402.72
医疗系统	80343.67	89361.71	87766.44	140312.67	1537,65.68
物业及其他	11729.35	9152.98	9445.98	7086.76	7000.78
境内	389777.08	507003	567307.51	607213.72	612359.84
境外	185347.85	189016.47	177967.81	172419.41	162809.33
合计	571541.98	696019.5	745275.32	779633.12	775169.17

资料来源:根据东软各年年报整理得出。

4.5 本章小结

综观泰豪科技与东软集团的转型发展战略,最明显的特征就是聚焦发展。与宏杨科技股份的转型路径非常不同的是,无论是总体发展战略还是行业发展战略,两个案例企业都展现出明显的多元化方面的战略收缩与细分行业的战略纵深扩展的特征。具体而言,在行业层面,不断收缩、聚焦到公司具有核心资源和较强竞争力的行业,逐步缩减经营的行业种类。同时,不断扩展优势行业的经营深度,开拓细分领域。

具体来看,泰豪科技不断剥离不良资产,同时加大公司优势产业(智能电网、装备信息行业)的重点投入,通过内涵式发展以及外延式并购等方式,大大拓展了核心行业的产业链,强化了公司在智能电网和装备信息的核心竞争力。而东软集团作为中国早期最大的软件与信息企业,经营范围涉及十多个行业,近10年来通过不断的聚焦战略,逐渐培育、形成了强大的竞争力。自2011年开始,东软集团的首要战略就是聚焦核心业务发展,聚焦关键客户,加强专业化、系统化竞争能力,强化业务咨询、业务规划对业务发展的拉动,不断优化业务发展结构。通过聚焦核心业务发展,聚焦关键客户,全面加强核心业务的专业化、系统化竞争能力,深化业务结构优化与组织能力建设,东软从初创期的十多个行业经营范围逐步缩小到具有强大竞争力的三大行业。到2016年,东软已经初步形成三大业务战略布局,积极布局三大主营业务领域:①大健康医疗健康与医保;②汽车电子与车联网;③大数据与云平台。东软在这三大行业持续投入,优化资源,这为东软持续获得竞争优势打下了良好的基础,为东软成为亚太地区优秀的IT企业奠定了根基。

第5章 核心资源、跨产业升级与企业绩效

5.1 引言

自 2008 年金融危机以来,中国稳定的经济发展和庞大的市场容量使众多企业加强了对内销的重视。特别是自从习近平总书记提出"要用好国内国际两个市场"以来,内销型企业能否成功转型成为中国内生可持续增长的关键。以往关于企业转型升级的研究主要集中在加工贸易和 OEM 等外贸型企业,讨论我国本土外贸企业在由 OEM 向 ODM、OBM 升级的过程中如何提升在价值链中的位置、嵌入全球价值链(毛蕴诗等,2009;宣烨等,2011;毛蕴诗等,2016;李田等,2017),而作为面向国内市场需求的企业群体,系统集成商面临的困境及其转型升级问题并未受到足够的重视。

中国 IT 软硬件系统集成企业长期以来处于价值链低端,在产业链一端受制于国外大型软硬件公司,而在产业链另一端则面临大小不同

的众多竞争者。20世纪90年代，集成商依靠代理国外软硬件销售业务获得高速发展，并进一步扩张到软硬件集成与服务领域。随着市场环境的变化，处于价值链底部的软硬件销售利润微薄，下游服务对象的集成服务需求锐减，直接导致集成商发展的系统性困境。特别是随着近年来"云计算、物联网、移动互联网以及大数据"等新技术的出现，互联网公司的迅速发展，导致集成服务领域被互联网巨头企业逐步蚕食，传统集成商经营集体陷入困境。如何有效地利用企业自身的核心资源重构适应市场环境的核心竞争力，从而有效地避开这些巨头的竞争，在业务需求多样化、业务领域多元化以及运营环境复杂化的宏观环境下实现对细分行业的控制，实现由集成商向集成与服务一体化转型成为集成企业当务之急。

从升级模式来看，企业升级理论认为有四种基本模式：产品升级、过程升级、功能升级以及跨产业升级（Humphrey and Schmitz，2002）。与传统的外贸型企业以过程升级和产品升级为主的转型模式不同，集成企业的转型路径更多的是基于核心资源的跨产业转型升级。研究表明，后发国家的企业一般能比较顺利地实现产品升级和过程升级，但却很难实现功能升级和跨产业升级（Giuliani，2005）。针对国内样本的研究也发现，跨产业升级是企业升级的最高级模式和最新的产业升级模式，同时也是最难实现的升级模式（蒋兰陵，2010；毛蕴诗，2012）。更为重要的是，跨产业升级却是后发国家企业提升其在全球价值链中地位的关键路径（Kaplinsky and Morris，2002；Humphrey and Schmitz，2002），对于中国企业突破全球价值链低端锁定、实现价值链攀升具有重要意义。

然而，却鲜有文献对中国企业跨产业升级路径进行研究，相关的案例研究则更为鲜见。基于以上讨论，本章突出企业核心资源在转型升级中的主线地位，构建核心资源、动态能力与跨产业升级的理论模型，以3个内销型集成企业为案例研究对象，探索性地总结中国科技型企业跨产业转型升级的路径和模式，为中国内销型企业实现跨产业升级、价值链攀升提供可资借鉴的参照案例。

5.2 已有文献研究脉络与本章视角

企业转型升级的驱动因素是什么呢？研究者主要从企业内部因素和外部因素两个角度来展开，内部因素主要基于资源基础理论，而外部因素则主要基于权变理论（毛蕴诗等，2015）。从外部因素来看，权变理论主要关注企业外部所处的制度环境以及企业家理念对企业战略的影响，企业战略只有将自身独特的资源和能力与外部环境相适应才能赢得竞争，且市场环境、政府政策都是影响企业升级的重要因素（Gans and Stern，2003；路甬祥，2005）。在信息技术与互联网迅猛发展的背景下，权变理论由于更加适用于分析快速变化的动态环境下的企业转型升级而被广泛应用（毛蕴诗等，2015）。而且，权变理论认为并不存在一个普适的、通用的转型升级模式，不同的企业由于其所处产业位置和制度环境不同，特定企业只有根据自己的资源对制度环境进行策略性响应，进而形成各自独特的转型模式。

对于企业内部因素而言，资源基础观认为企业优势的来源在于它的稀缺的、有价值的、难以复制的资源（Barney, 1991），核心资源和核心能力是企业升级的基础（Makadok, 2001）。核心资源包括资本积累、人力资源，而核心能力包括自主创新能力、营销服务能力等（Miller and Shamsie, 1996；毛蕴诗等, 2016）。本书基于 Miller 和 Shamsie（1996）的分类展开对核心资源和能力的讨论。Miller 和 Shamsie（1996）将资源分为财产性资源、知识性资源（见表 5-1），并且这两种资源又分为独立的和系统的两类。财产性资源包括资本设备、专利等对要素的控制，以及分销门店等对整个系统的控制。资产性资源在稳定、可预期环境下比较容易复制。而知识性资源包括独立的制造、营销和创新能力以及系统的管理能力，知识性资源适合在不确定环境中用来提升企业竞争力。

表 5-1 企业的核心资源：财产性资源和知识性资源

资源的类别	资源内容	价值来源	由什么创造或保护	合适的环境
财产性资源				
独立的	资本设备 长期合同 专利	对要素的控制	法律 优先购买权 内在稀缺性	稳定或可预测的环境
系统的	分销门店	对整个系统的控制	产权 先动优势 系统组成部分的互补性	稳定或可预测的环境
知识性资源				
独立的	制造能力 营销能力 创新能力	调整、更新	不确定的可模仿性 灵活性	不确定的环境
系统的	管理能力	调整、更新	资产专用性 不确定的可模仿性 可靠性	不确定的环境

资料来源：根据 Miller 和 Shamsie（1996）整理得出。

Teece 等（1997）认为企业在面临复杂多变的环境下需要不断地整合、提升内部资源与能力，以获取持续竞争优势（即动态能力假说）。动态能力（Dynamic Capabilities）是基于资源基础理论的，一种开发新的核心资源和核心能力的能力，是企业根据所处的制度环境、宏观条件重新配置、组织从而形成新的竞争优势的能力（Teece et al.，1997；Sapienza et al.，2006）。Teece 等（1997）将动态能力定义为企业构建、整合、重新配置内外部资源（能力）以应对快速变化的宏观环境的能力。动态能力与一般的企业能力不同，是获取新资源、建立新能力以快速调整企业经营方向进入新的市场领域的战略性转变（Teece et al.，1997），是更新和提高能力的能力。动态能力理论认为企业的竞争优势来源于企业应对环境变化所表现出的组织、管理流程重构以及以此获取的专用性资产。与传统的资源基础观相比，动态能力学说对企业竞争优势差异的解释好像更贴近现实（Teece et al.，1997；宣烨等，2011）。特别是随着产业边界融合与变动较为频繁、制度环境变化越加剧烈，是否能够发展出适应市场环境变化的动态能力成为企业能否转型成功的关键。

基于核心资源与动态能力等企业内部因素的企业升级理论忽略了企业所处的宏观制度环境以及企业与其他相关企业之间的关系（毛蕴诗等，2016）。基于权变理论这种企业外部因素的企业升级理论虽然考虑到了企业应对制度环境的变化，但是也往往关注于企业在一个行业内部的升级，较少涉及跨产业升级。目前，国内外学者已开始关注到跨产业升级，集中讨论了跨产业升级中的产业融合、技术性跨越等问题。特别是随着信息技术和互联网的发展，行业边界模糊，跨产业的业务交叉现象又越来越多。跨产业突破了以往研究只关注产业内升级，它既可以是制造业之间、传统制造业与新兴产业之间的模式,也可以是制造业与服务业之间以及这几者的交叉升级模式。

Porter(1991)认为,企业竞争力与企业成功不但取决于企业在产业内的竞争力,而且取决于企业是否处于营利性产业。因此,企业要保持持续竞争力必须对所处的市场环境的变化做出持续的动态效应,适时地开展跨产业升级。跨产业升级是企业将一个产业的技术、知识运用到另一个或多个产业领域的过程(Humphrey and Schmitz,2000;毛蕴诗和郑奇志,2012)。跨产业升级不仅带来企业升级,同时也带来产业结构升级和变化,企业生产从单一产品向多元化、高端产品扩展,拓宽产品服务领域、开创全新市场。这些产业和业务扩展方式与原有资源、能力有一定的关联,但是很多产品逐步发展成全新产品甚至全新领域,这种扩展方式在高新行业、信息产业中显得越来越重要(毛蕴诗和郑奇志,2012),比如信息产业的Intel、IBM和微软公司都是通过跨产业升级形成新产品系列进而进入新市场、新产业。

综上所述,现有文献对企业升级的研究主要关注核心资源与核心竞争力,部分文献开始从产业融合、产业延伸的角度关注跨产业升级问题。在互联网和信息技术迅猛发展的背景下,企业所处的制度环境不断变化,企业如何基于核心资源采取战略性转型以构建新的竞争能力(动态能力)值得我们重点关注。企业所处的制度环境、市场条件不同,企业转型升级所需要构建的资源和能力也不尽相同,且转型模式也会不同。企业内部的核心资源、能力以及外部的制度环境、应对环境变化的动态能力共同决定了企业跨产业升级路径的选择。同时,企业所处行业的技术链、创新链以及发展阶段都使企业转型升级产生重要影响。根据这一思路,我们从制度环境变迁背景下的核心资源与动态能力出发,从宏观和微观相结合的视角来研究 IT 集成商的跨产业升级。总结与提炼内销型企业基于核心资源实施战略转型以提高动态能力实现跨产业升级的路径,对于促进新时期中国经济内生型可持续增长具有重要意义。

5.3 研究架构与理论分析

5.3.1 案例选择与数据搜集

企业升级是一个动态的过程(毛蕴诗、郑奇志,2012),在升级过程中很难进行操控,因此很适合进行案例研究(Yin,2003)。与实证研究相比,案例研究更加贴近事实、更为客观严谨(Eisenhardt and Graebner,2007)。案例的选择要与研究主题高度相关并具有说服力,要具有典型性、保持良好的信度。作为案例研究的重要环节,典型案例的选取直接关系到案例研究的质量及其推广意义。

本章选取 3 个 IT 集成企业作为跨案例研究的对象。主要基于以下几点:①与单个案例研究相比,跨案例的研究能够构建更为准确、更具普遍性的理论(Yin,2003)。本章试图通过 3 个公司的跨案例研究构建具有广泛推广意义的内销型企业转型升级模型,这对于推动中国经济内生型可持续增长意义重大。②案例具有代表性和典型性,能够说明所研究的问题,其经验能在一定意义上给本土内销型企业(产业)转型提供指导借鉴。从行业代表性来看,案例企业所在的集成行业早期为制造行业同时又是高新技术产业,对该行业的企业进行研究能够为我国传统制造业以及高新技术产业转型升级提供有益借鉴。更为重要的是,其所在的集成行业主要以国内市场需求为主,属于典型的内销型企业,对该类企业进行研究有利于为内销型企业转型升级路径提供有益的借鉴,推动中国企业摆脱依赖外部市场转而以内需驱动为主,实现内生型增长转型。延华智能、汉鼎股份与银江股份早期主要以 IT 软硬件、建筑工程两类系统集成等为主业,中后期逐步发展成综合服务商,是集成企业的典型代表。③案例研究的便利与数据可获得性。延华智能、汉鼎股份与银江股份均为上市公司,拥有大量丰富、清晰的信息可用于案例分析,同时集团公司都有网站便于收集最新的业务信息。

本书搜集的资料主要通过浏览 3 个案例企业的官方网站、国家统计数据库、跨案例研究文献、公司年报、券商报告、巨潮咨询及百度、新浪等主流媒体关于公司的新闻报道等方式。通过对各种渠道来源的资料进行相互比较与验证,以确保最终研究所用的材料尽可能符合企业的客观情况,有效保障了案例研究的真实性与严谨性。具体地,主要通过券商对上市公司的历年年报以及各期研究报告,搜集获取公司业务转型的具体信息和路径,并获得公司近几年经营绩效的详细资料。同时,也积累了科技型企业以及跨案例转型的相关文献资料,通过对案例资料和文献资料的总结、提炼,验证相关研究主题。

5.3.2 研究框架与理论分析

在复杂的环境中,企业对制度环境的洞察力、在制度变化环境中的市场机会捕捉能力等会转化成为企业对制度的策略性响应行为,这些行为是企业转型升级的重要推动力量(宣烨等,2011)。在制度环境发生变化时,特别是重大技术条件和企业经营的市场环境发生变化时,企业原有的技术与资源储备可能无法满足市场需求。当企业的核心技术和资源无法有效地满足、匹配市场需求时就要求企业进行转型升级。制度环境变化带来的制度压力会迫使企业做出策略性的响应,由此推动企业升级。

具体来看(见图5-1),首先,企业的关键资源(包括资产性资源与知识性资源)成为企业转型升级的基础性因素。在技术条件发生重大变化时,企业只有依托现有的核心资源和核心能力对原有业务进行升级,以资产性资源为依托通过知识性资源整合新技术、新资源进入企业内部,为企业进入新的产业领域、实现产业链的扩展和延伸提供保障。其次,为了应对重大技术变化以及市场环境变化带来的影响,企业在依托关键资源的条件下,需要持续提升其新的关键资源获取能力、知识整合与吸收能力。只有不断地通过动态能力将新获取的核心

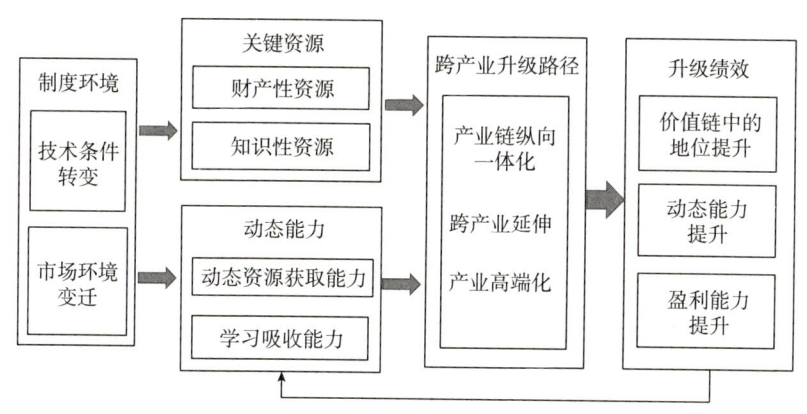

图5-1 核心资源、动态能力与跨产业升级路径

资源与核心能力运用到新的产业领域，推动业务涉入产业链的上下游，才能实现产业高端化延伸，实现跨产业升级。最后，企业通过跨产业升级带来绩效提升，具体表现在以下几方面：企业在价值链的地位上升、获取核心技术和资源的动态能力得以增强以及新业务营业收入占比提高，进而总体盈利能力更强。

5.4 案例研究与分析

5.4.1 三个案例企业基本概况

上海延华智能科技（集团）股份有限公司（以下简称"延华股份"）成立于1997年，公司前身为"延华高科"。1998～2001年更名为"上海延华智能科技有限公司"，全面进军建筑智能化领域。2006年，延华智能完成股份制改革，实现股权结构多元化。2007年11月，上海延华智能科技股份有限公司在深圳交易所正式挂牌上市，成为中国首家以智能建筑为主营业务的上市公司。2008年，延华智能开始进行全国性市场开拓，并进入细分行业领域，全面开始在商业楼宇、节能、医疗、金融以及数据服务等领域布局，形成了以咨询为中心提供高端技术服务的业务格局，逐步成为国内领先的智慧城市集成服务商。2011年开始，延华智能开启并购整合战略，逐步向综合服务商转型（见图5-2）。2011年后，延华股份从智能建筑商开始向智慧城市产业链的上下游布局,至2015年逐步形成了"智慧城市整体解决方案提供商"发展战略,形成了对智慧城市的全产业链布局。

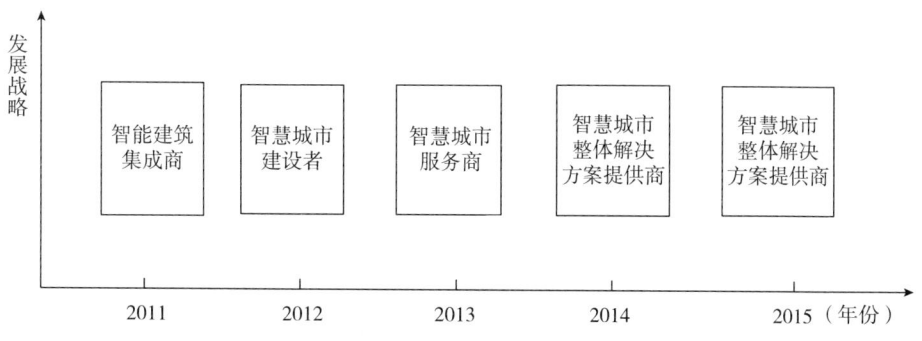

图 5-2 延华发展战略演进

汉鼎宇佑互联网股份有限公司(以下简称"汉鼎股份")成立于2002年,早期业务涉及建筑智能化工程、网络系统集成及相关软件开发。2006年开始,依托智能软件开发、系统集成、后期维护等方面的技术服务于建筑、交通、医疗、文化创意等领域,向智能化综合解决方案专家方向发展。2012年,汉鼎股份成功登陆A股主板市场,业务也从建筑智能升级到智慧城市。2013年,公司开始向大数据、移动互联转型,随后又向基于智慧城市的互联网金融平台转型,并在2016年最终转向智慧城市和互联网金融以及泛娱乐产业生态三大业务并驾齐驱。如图5-3所示,汉鼎股份形成了以"产业+金融+互联网"为核心的发展格局。

银江股份有限公司(以下简称"银江股份")成立于1992年,早期由于体制原因经营不善,公司于2003年改制为民营企业,主要业务是为城市交通、数字医疗、智能建筑行业提供智能化技术、产品和应用服务。早期公司业务主要是金融电子化,随后进入智能建筑、城市交通行业。2009年银江股份成功上市,随着医疗行业的兴起,公司开始进入医疗信息化行业。2011年后,通过聚焦三大主业的细分领域逐步开启智慧城市总包模式。如图5-4所示,2014年后通过云计算、人工智能、移动互/物联网、大数据等技术的应用,升级为由系统集成、软件服务和数据服务组成的银江智慧城市产业生态。

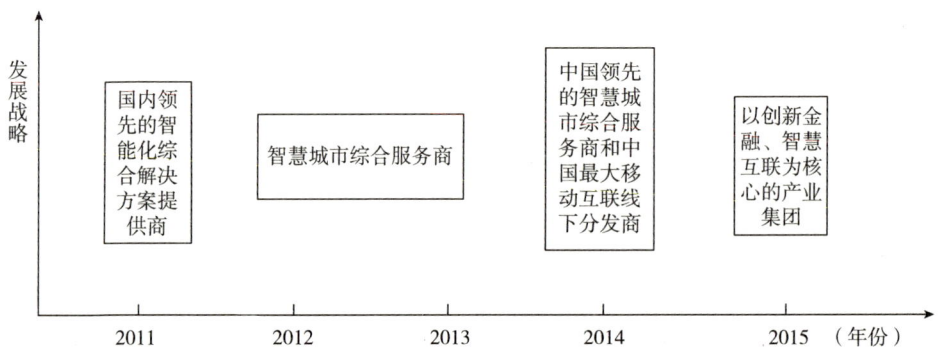

图5-3 汉鼎发展战略演进

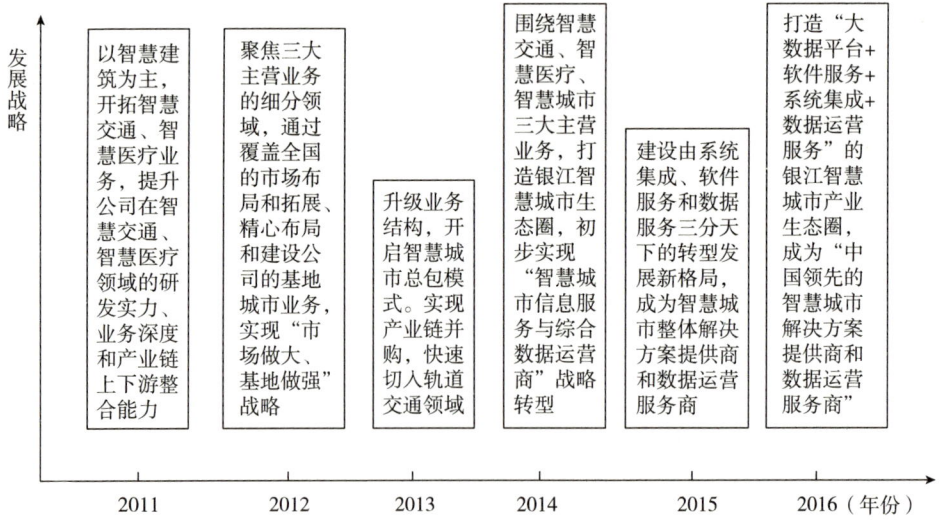

图5-4 银江发展战略演进

5.4.2 制度环境变迁

我们主要结合国内市场需求与技术条件的变化来讨论制度环境变迁对企业战略与企业升级带来的重要影响。

从市场需求角度来看,在20世纪90年代硬件主导时期,系统集成行业利润高达40%。然而进入21世纪后,行业整体利润急转直下,跌至不足10%。根据赛迪顾问统计,2008年中国系统集成服务市场的增长率仅为10.3%,行业竞争日趋激烈、亟待转型。在原有业务萎缩的同时,软件与智慧城市等新兴需求则给集成企业提供了新的转型空间。随着国家将软件与信息产业列为重点发展对象,集成企业获得了更大的发展空间。同时,伴随着智慧城市的落地与持续推进,智慧建筑、智慧交通、智慧医疗等众多应用领域受到带动,从而对智能化系统集成、物联网、大数据以及云计算等产业链上下游企业互联互通起到了促进作用。作为多个垂直行业大数据、信息融合和多种智能系统联动所形成的一个智慧大系统,智慧城市极大地推动了城市建设所涉及的上下游产业链整体解决方案提供商的大发展。系统集成商开始在新领域寻求突围:首先,深入原有主业的细分领域和市场寻找商机;其次,增强核心技术研发能力,提升竞争力;最后,向智慧城市的规划、咨询、设计与综合服务商转型。

从技术条件来看,20世纪90年代,集成企业基本以代理出售软件和硬件为主营业务,对技术的要求很低,大多集成商没有核心技术。随着代理业务的衰落以及客户需求高端化,系统集成能力、软件开发能力和咨询服务能力逐渐成为集成商竞争的核心。集成企业开始积累相应的技术与专利。与此同时，三个案例企业早期都以建筑工程、公共工程等业务为起点，各种类型的资质也成为其积累核心竞争的主要手段。在很长一段时期内，以建筑、工程、计算机等为主的技术和资质成为推动集成商发展的核心竞争力。随着互联网、物联网技术的发展，传统集成商所涉猎的行业信息化需求不断增大，集成企业发展模式面临新的挑战和机遇。掌握互联网与物联网的核心技术、控制与这些技术相关的核心资源随即成为集成商的主要战略目标。特别是2010年后，云计算和大数据技术开始市场化应用，极大地推动了集成企业的转型进程。大数据、智能化、移动互联网和云计算将大数据、云计算、互联网和物联网综合在一起，形成了所谓的"大智移云"时代。智能识别、移动计算、信息融合和云计算等信息技术的自主开发以及在智慧城市各个行业领域的市场应用成为主流。"大智移云"使传统的信息技术得以交融渗透，极大地改变了市场需求，是产业互联的重要技术载体，推动着新一轮产业的变革，为集成企业跨产业转型提供了条件。

5.4.3 核心资源、动态能力演变

（1）培育系统集成能力、强化业务资质，扩展业务范围、积累资源。事实上，从集成企业发展历程来看，主要可分为几个阶段：代理商、系统集成商、软件及服务商直至综合服务商。案例企业早期主要扮演的是软硬件代理商以及建筑承包商的角色，中后期则侧重提升系统集成能力和综合服务能力，逐步向产业链高端的规划和咨询发展。在案例企业的发展过程中，非常注重对系统集成能力的

培育。结合企业所开展的行业市场应用,建设相应的集设计、施工、维修、运营一体化的信息网络集成,形成不同行业领域的系统集成与软件研发平台。在业务资质方面,积极获取与计算机、建筑工程相关的各类资质。比如汉鼎先后获得了计算机信息系统集成一级资质、建筑装饰装修工程设计与施工资质壹级、建筑智能化工程设计与施工一级资质、机电安装工程施工总承包二级资质、机电设备安装工程专业承包一级资质和音视频工程一级资质等,成为"十甲"资质企业。"十甲"资质为公司在全国持续扩大业务区域、业务范围奠定了强大的保障。系统集成能力与业务资质的积累为集成企业储备资产性资源奠定了基础,在帮助企业不断扩大在总部地区的市场份额的同时,为后期的区域扩张、深入行业细分领域提供了资源基础。

(2) 致力于研发和技术创新,提升企业在行业细分领域的核心竞争力。在经过早期粗放式发展之后,集成企业为了提高系统集成与服务能力,不断加强自主研究。汉鼎、延华与银江研发投入呈逐年递增趋势,始终将技术创新、自主研发作为公司发展战略的核心。大量引进技术型人才,开展自主性技术研发、创新。另外,通过与院校合作、参与国家"863"计划、国家"火炬"计划等形式,推动产学研合作研发,形成了良好的持续创新研发机制。对研发和创新的重视,为企业在行业的细分领域壮大实力发挥了关键作用。企业将产品研发与市场需求紧密结合,依托研发集聚的核心能力使企业可以在细分领域不断做精做深,提高对细分领域的渗透和控制能力。在研发创新方面,银江股份表现最为明显。银江于2005年成立了银江企业技术中心专门负责研发,其后改组为银江技术研究院。银江技术研究院已形成以创新性企业为主体、研究型大学为依托，以市场为导向的"产学研用"相结合的自主创新体系及成果产业化模式。先后在专利申报、新产品、新技术等方面取得了丰硕的成果，在物联网、大数据以及云计算的行业应用方面形成了一系列核心自主知识产权，为银江进入智慧交通、智慧医疗的细分领域提供了技术支撑。

（3）完善优化营销架构、强化组织能力以提升动态能力。为适应不断变化的市场需求，在动态的宏观环境中适应市场竞争，企业不但需要具有优质的资源禀赋，还必须具备配置和调整的核心资源的动态能力才能够持续地更新核心资源和核心能力。汉鼎、延华和银江在区域扩张、行业细分领域耕耘过程中，持续优化营销架构。案例企业早期均基于总部所在的单个区域开展业务（浙江或上海），具备一定的核心竞争力后才开始多区域扩张。在区域扩张中，在保持原有区域核心竞争力的基础上，加强了全国各大区域中心建设，拓展销售能力和品牌影响力。在行业细分领域扩张层面，则通过事业部形式有效地对行业细分领域进行支持。比如，延华股份针对区域与行业细分领域的扩张，实施了专业公司、区域中心（全国六大区域中心）、事业部（医疗卫生事业部、智能交通事业部等）三位一体的组织架构，以更好地将公司的核心技术、资源与当地客户需求、工程实际结合起来，形成属地化管理、本地化服务，真正提升企业配置和调整核心资源的动态能力。随着企业经营区域和行业的深入，核心技术、市场渠道以及组织管理能力等这些动态能力也同样得到了进一步提升。

（4）并购整合引进跨产业技术和核心资产，延伸业务领域、完善产业链，实现跨产业整体升级。随着制度环境变化，特别是智慧城市上下游产业市场需求的增多,集成企业通过投资、参股与并购相关企业进入到原有主营业务之外的行业。特别是案例企业在登陆资本市场之后,通过并购整合关联细分领域、渠道相通的行业企业,建立了新型竞合关系。通过并购整合,公司获得了通往相关产业的渠道、核心技术与核心资产,提升了研发实力和产业链上下游整合能力,实现了跨产业升级。银江股份于2009年上市,随后投资入股了众多企业。2011年,银江入股浙江浙大健康管理有限公司等5家公司,大大提升了公司在智慧交通、智慧医疗等细分领域的研发实力、业务深度和产业链上下游整合能力,为银江股份产业链结构优化奠定了基础。通过对北京亚太安讯的并购,公司全面涉足轨道交通业务,实现智慧大交通业务格局。随后2015年参股智途科技,巩固了智慧交通优势。2014年参股天迈网络和广州创显旨在完善智慧城市产业链,完成从传统的拿单做项目到互联网运营转型。2015年收购杭州清普,提升智慧医疗实力,参与设立大爱人寿,完善城市运营生态;形成从政务、交通、商务、医疗到金融的完整闭环智慧城市生态系统。延华股份于2007年上市,利用资本市场优势,开展产业链并购,加强对产业链上游产品、高端软件服务企业的收购,积极整合产业链上下游。通过收购成都成电医星打造智慧医疗垂直产业链,践行医疗先行战略;并购英飞尼迪、金茂创投和湖北高投拓展智慧城市产业链,并购上海长风将智慧节能、智慧环保列入战略发展重要细分领域。汉鼎股份则于2011年上市,利用资本市场通过设立汉鼎手游、任意窗网络、控股广东蜂助手等战略布局移动互联"渠道+内容",开拓移动互联板块业务,促成智慧城市的移动互联化延伸业务领域完善产业链,形成"智慧城市+移动互联"的两翼发展格局(见表5-2)。

表5-2 核心资源、动态能力获取与升级表现（跨案例分析）

策略性行为	获得的核心资源	动态能力提升	升级表现
自主研发与合作研发	获得知识性资源	提高创新能力	提升主营业务的核心竞争力
银江入股浙江浙大健康管理等五家公司	获得智慧交通、智慧医疗细分领域的销售渠道、核心技术与资产	提升研发能力、产业链上下游整合能力	提升银江在智慧交通、智慧医疗的业务深度和价值链位置
银江并购北京亚太安讯、参股智途科技	获得分销门店、资产等资产性资源	提高管理和营销能力	强化银江在智慧交通细分领域竞争优势，提高盈利能力
银江参股天迈网络和广州创显	获得分销门店、资产等资产性资源，获得核心技术	提高从传统产业向新兴产业的转型能力	完善银江智慧城市产业链
银江收购杭州清普	获得分销门店、资产等资产性资源	完善产业链整合能力	提升银江在智慧医疗的实力，完善产业链
汉鼎设立汉鼎手游、任意窗网络、控股广东蜂助手	获得分销门店、资产等资产性资源，获得核心技术	提高从传统产业向新兴产业的转型能力	促成智慧城市的移动互联化、完善产业链
延华收购成都成电医星	获得分销门店、资产等资产性资源，获得核心技术	完善产业链整合能力	打造智慧医疗垂直产业链，提高价值链地位
延华并购英飞尼迪、金茂创投和湖北高投	获得分销门店、资产等资产性资源	提高从传统产业向新兴产业的转型能力	拓展延华智慧城市产业链，提高价值链地位
延华并购上海长风	获取智慧节能行业的销售渠道与核心技术	提高从传统产业向新兴产业的转型能力	快速切入智慧节能、智慧环保细分领域，提高价值链地位

资料来源：根据Wind、巨潮咨询以及其他二手资料整理得出。

5.4.4 跨产业升级路径与升级绩效

从集成企业的成长路径来看，从最初的硬件主导到硬件软件综合化，再到软件服务化、服务产品化，最终演进成服务与信息化。行业竞争日趋激烈促使系统集成商开始寻求突围：首先，深入原有主业的细分领域和市场寻找商机；其次，增强核心技术研发能力，提升竞争力；最后，向规划、咨询、设计与综合技术服务解决方案集成商转型。2010年后，随着互联网、信息技术以及云计算等在行业的大范围内应用，集成企业开启了由传统硬件集成商向综合服务提供商转型升级的大幕：第一类，从解决方案向智慧创新应用（云计算、移动支付、大数据等）升级；第二类，从解决方案提供商向运营服务商转变。从不同类型的集成商角度来看，IT类集成商与建筑工程类集成商的转型升级路径稍有不同。传统IT类集成企业向"互联网+"方向发展，而建筑与工程类集成企业则向"智慧城市"方向发展。我们选取的银江、汉鼎与延华都兼具IT类和建筑工程类业务，并且早期都是以建筑工程类业务为主，其中包括软硬件集成。以下，从3个企业的跨产业案例中具体分析其转型路径和升级绩效。

汉鼎股份2011年以智能建筑集成为主业，主要开展智能建筑总包、信息设备硬件销售业务（见图5-5），在利润结构中智慧建筑和

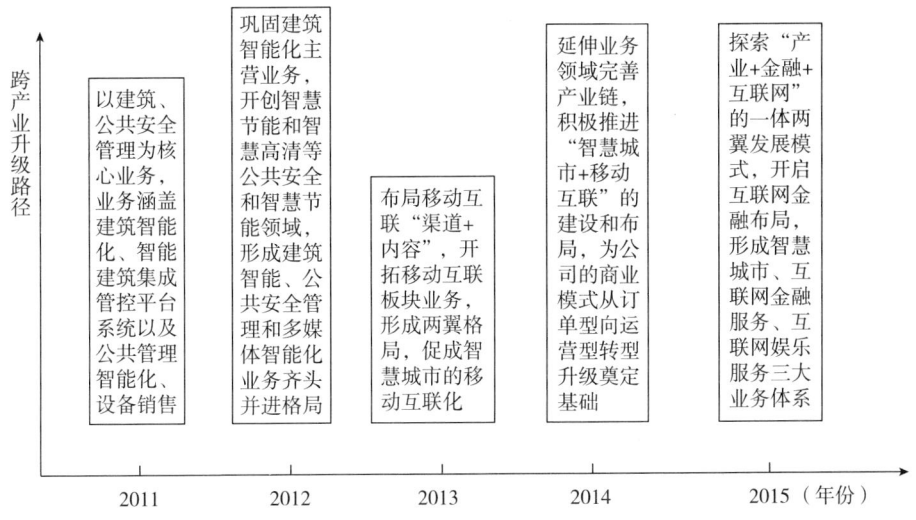

图5-5 汉鼎跨产业升级路径

设备销售占主要份额。2012 年，在巩固建筑智能化的同时，汉鼎集中精力开拓了智慧节能、智慧高清两个细分领域，在细分市场获得新的收入来源。从升级绩效可以看到（见表 5 - 3），2012 年智慧建筑虽然仍然独占鳌头，但智慧节能已经为汉鼎带来可观的收入。更为重要的是通过开拓智慧节能、智慧高清等细分领域，使汉鼎由单一的智能建筑总包商初步向智慧城市集成商转变，建立了稳定的智慧城市经营渠道。

表 5 - 3　汉鼎历年分行业业绩　　　　　　　　　　　单位：万元

行业	2012 年	2013 年	2014 年	2015 年
智慧建筑	30586.75	46850.08（智慧城市）	67371.55	63046.89
智慧公共安全	3578.85	294.56（移动互联）	4705.75	5362.17
智慧节能	4559.67	—	—	—
智能产品销售	1107.13	—	—	—
其他收入	—	—	—	2851.45
合计	39832.39	47144.64	72077.3	71260.51

资料来源：根据公司历年研究报告披露数据整理得出。

2013 年，开始向移动互联板块布局，通过智慧城市业务的移动互联化，在渠道的基础上增加了移动互联内容。2013 年，收入结构中智慧城市成为核心业务，移动互联开始启动。紧接着，"智慧城市 + 移动互联"战略得以快速推进，使公司进一步延伸产业链并从以往的订单型企业向运营型企业转变。2015 年，在互联网基础上拓展了金融业务，形成了智慧城市、移动互联与互联网金融三大业务体系。从整体绩效来看，开拓细分领域后公司总体收入提高，2013 年比上年增长

18.3%，而 2014 年收入增速为 52.8%，新开拓的移动互联表现出较快的增长趋势。特别是通过深耕细分领域，与以往单一的智能建筑相比，智慧城市作为整体集成业务表现出更为强劲的增长速度。2014 年智慧城市收入为 2012 年智能建筑收入总额的两倍还多。

延华股份早期主要以机电、消防等为主的智能建筑工程总装业务，兼顾销售业务（见图 5-6）。2012 年开始深入医疗卫生、咨询、智能交通等细分领域，积极整合产业链的上下游行业。通过利用核心资源与资本积极整合、渗透与主业相关的细分行业，迈开了由智能建筑集成商向智慧城市服务商转型步伐。2013 年业务聚焦于传统主业智能建筑以及新兴开发的智慧医疗、智慧节能三大主业，并通过开展高度咨询、软件研发等业务在三个主业领域实施制造与服务化同步发展战略。

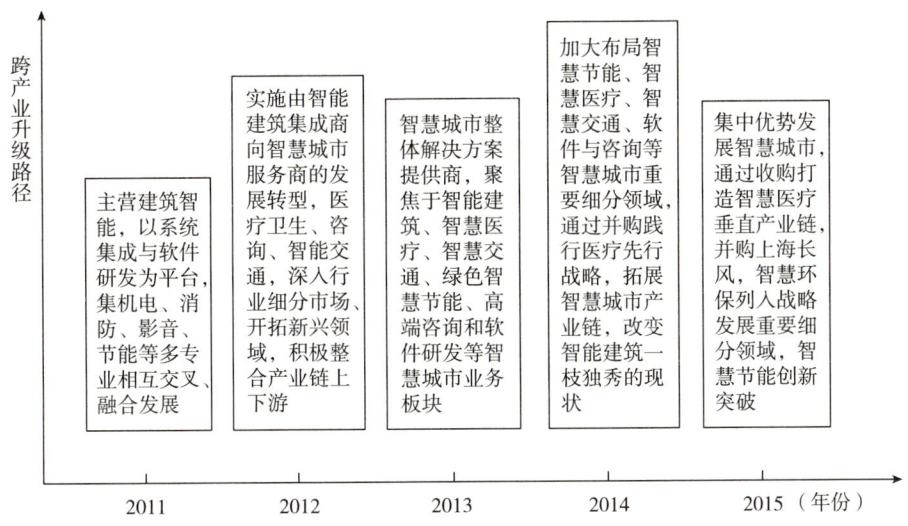

图 5-6 延华跨产业升级路径

从升级绩效来看（见表5-4），收入的行业结构发生显著变化，2013年智慧医疗和智能节能替代原有的消防工程和电子商品类产品成为主营业务收入的重要组成部分，智能建筑也取代智能工程成为主要的收入来源。在初步布局智能建筑、智慧医疗和智慧节能后，进一步向这三个领域的细分行业布局。通过并购践行智慧医疗领先战略，拓展智慧城市产业链，改变智能建筑一枝独秀的局面。2015年公司通过并购智慧医疗、智慧节能环保的上下游核心企业获得核心技术与市场渠道，进一步提升了公司这几个细分领域的价值链位置、提高了产业控制能力。在升级绩效上也可以看到，2014年后智慧医疗收入上升较快，并逐渐成为收入的主要来源。

表5-4 延华历年分行业业绩　　　　　单位：万元

行业	2011年	2012年	2013年	2014年	2015年
智能工程	34750	48517.62	56122.34（智能建筑）	56327.19	69741.42
消防工程	2136	—	5265.1（智慧医疗）	11548.83	21595.89
电子商品	10948	11550.04	2587.84（智能节能）	5412.86	5735.49
软件与咨询	—	—	3364.06	3260.39	3402.95
智能产品销售	—	—	10161.99	5798.41	10255.29
其他					928.34
合计	47843.54	60228.4	77591.47	82420.73	111659.35

资料来源：根据公司历年研究报告披露数据整理得出。

与延华、汉鼎不同，银江股份较早开始涉足智慧城市的相关领域，并且在智慧政务、智慧医疗、智慧交通、智慧城管、智慧能源、智慧教育、智慧养老等细分行业均有业务。由于业务分散无法形成合力，2012年银江开始实行业务聚焦战略，集中发展智慧交通、智慧医疗与智慧建筑三大领域的细分行业（见图5-7）。从经营业绩上看（见表5-5），业务聚焦战略实施后收入呈高速增长态势（比上一年增收41%）。在聚焦战略的基础上，通过产业链并购快速切入智慧交通的核心领域，通过开展规划、咨询、设计延伸业务链条完善智慧医疗和智慧建筑产业链，实现业务结构升级，开启智慧城市总包模式。

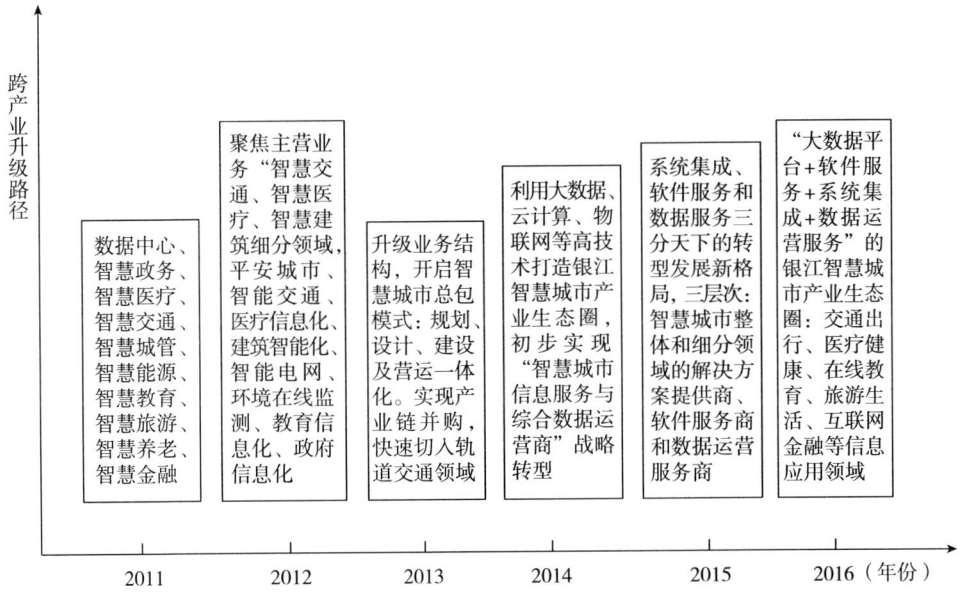

图5-7 银江跨产业升级路径

表5-5 银江历年分行业业绩　　　　　　　　　　单位：万元

行业	2011年	2012年	2013年	2014年	2015年
智慧交通业务	—	55733.14	55211.56	66277.03	82306.11
智慧医疗业务	—	26875.03	23194.33	30219.91	17700.38

续表

行业	2011年	2012年	2013年	2014年	2015年
智慧建筑业务	—	42285.96	—	—	—
智慧城市业务	—	19773.82	105457.38	132989.89	92332.76
其他业务	—	992.85	1192.83	2418.54（综合服务）	1160.96
合计	102981.36	145660.79	185056.1	231905.37	193500.2

资料来源：根据公司历年研究报告披露数据整理得出。

2014年随着互联网的新兴技术大规模应用，银江开始采用大数据、物联网、云计算改造传统的三大业务，打造银江智慧城市生态产业圈。改造后的银江智慧城市生态产业圈，逐步实现了智慧城市信息服务与综合数据运营商的战略转型。随后在2015年、2016年，公司逐步形成"大数据平台+软件服务+系统集成+数据运营服务"的完整智慧城市产业生态圈，通过服务化大大提高了银江在智慧城市价值链的地位。相应地，转型后企业经营业绩也呈现高速增长态势，特别是智慧城市业务增长更快。

5.5 本章小结

5.5.1 本章小结

跨产业升级现象正逐渐被国内学术界关注（宣烨等，2011；毛蕴诗和郑奇志，2012；毛蕴诗等，2016），特别是随着信息技术和互联网的发展,产业边界融合与变动较为频繁、行业边界日益模糊,跨产业的业务交叉现象越来越多,这种扩展方式在高新行业、信息产业中尤其明显(Humphrey and Schmitz,2000;毛蕴诗和郑奇志,2012)。本章选取内销型科技企业探索性地研究了基于核心资源、动态能力的跨产业升级转型问题,得到以下几个结论:

(1)本章构建的企业跨产业升级模型具有一定的应用价值。本章以3个集成企业为例,考察了企业在制度环境变迁的背景下,基于核心技术与核心资源将现有资源、能力应用到新兴产业形成动态资源整合能力,进而在新市场、新产业获取竞争力,成功实现跨产业转型升级。本章构建了核心资源、动态能力与跨产业升级的整合性框架,结合3个企业的升级过程进行了深入的跨案例探讨,描述了核心资源、动态能力、跨产业升级路径以及升级绩效的关系,揭示几者之间的互动关系,从而为中国内销型科技企业转型升级提供了可资借鉴的经验。该模型紧密结合中国内销型企业所面临的转型环境与策略性行动特征,对于内销型企业管理者执行战略转型决策具有一定的参考应用价值。

(2)技术条件、市场需求等宏观环境变迁是促使集成企业转型升级的重要诱因。市场需求和环境变化是影响企业升级的重要因素(Gans and Stern,2003;路甬祥,2005),企业战略只有将自身独特的资源和能力与外部环境相匹配才能赢得竞争。在信息技术与互联网迅猛发展的背景下,技术条件、市场需求等制度环境对于分析快速变化的动态环境下的企业转型升级至关重要(毛蕴诗等,2016)。集成企业在经历了20世纪90年代初创期的高速发展后,进入21世纪后由于竞争加剧、市场需求下滑导致的双重挤压促使企业开始思考转型升级。智慧城市建设诱发的上下游产业发展为案例企业转型升级提供了极大的市场空间。在技术层面,"云计算、物联网、移动互联网和大数据"的出现为案例企业采用新技术改造、提升传统业务,建立完整的"集制造、技术与服务一体化"的智慧城市全产业链提供了技术支撑。

(3) 核心技术与核心资源是企业推进区域扩张、跨产业转型升级的必备资源条件。案例企业通过研发和技术创新,逐步形成了在各自业务领域的专利技术、系统集成与软件研发能力。作为早期以 IT 和建筑工程两类集成业务为主的集成商,汉鼎、延华和银江多年来在计算机信息、机电工程与建筑工程等领域积累了业务开拓所需的各种行业资质。典型的如汉鼎的"十甲"资质不但为公司做强总部、扩大盈利能力提供了资源保障,同时也是汉鼎迈向区域扩张的关键资源,成为汉鼎后期立足主业实现跨行业经营的开路先锋。延华、汉鼎与银江始终保持了在各自领域的技术和资质领先地位,并据此在行业内获得了较大规模和较强的资金实力。核心技术、系统集成能力与业务资质的积累为集成企业储备资产性资源奠定了基础,帮助企业在不断扩大总部地区的市场份额的同时,为后期的区域扩张、行业扩张提供了资源基础。在核心技术和资源的支撑下,随着各类互联网、云计算等新技术的出现,企业借助现有核心资源和核心能力对原有业务进行升级,以资产性资源为依托通过知识性资源整合新技术、新资源进入企业内部,为企业进入新的产业领域、实现产业链的扩展和延伸提供了可靠的保障。技术、系统集成与创新能力成为企业转型升级的基础性资源条件。

(4) 并购整合与动态资源获取能力是推动跨产业转型升级的关键。基于现有的核心资源与能力,能否发展出适应市场环境变化的动态资源整合能力成为企业能否转型成功的关键。在转型升级过程中,通过成立全国各大区域性中心、各地分公司与行业事业部等形式,汉鼎、延华和银江建立了面向全国的销售渠道和管理组织系统。进一步地，案例企业将销售能力、品牌影响力以及组织管理能力应用到新的产业领域，为提升企业动态新的资源获取能力、知识整合与吸收能力创造了条件。随后，汉鼎、延华和银江利用资本市场并购整合与原有主业关联的细分领域、渠道相通的关键企业，获得通往相关产业的渠道、核心技术与核心资产，提升了价值链地位和对产业链上下游的整合能力，产业向高端化延伸，实现跨产业升级。

（5）核心资源和动态能力推动的跨产业升级绩效显著。与产品升级、功能升级和过程升级这些单一产业内部的转型升级不同，基于核心资源和动态能力所推动的跨产业转型升级不但给案例企业带来了营收能力的提升，而且完善了产业链。具体而言，从收入角度来看，跨产业转型扩大了行业和市场领域，增加了新兴产业的营业收入。延华在 2012 年进入新产业后，智慧医疗、智慧节能两个新产业营收快速增长。而汉鼎则在 2013 年后，移动互联领域收入连续 3 年高速增长。从价值链角度来看，跨产业转型通过获取新产业的关键技术、市场渠道和关键资源提升了企业在整个价值链上的地位。同时，通过对相关行业的多个细分领域持续控制，完善了智慧城市产业链，形成了完整的产业生态系统。产业生态系统的形成稳定了企业的价值链控制能力，培育了企业的可持续竞争能力。案例中，汉鼎和银江的智慧城市体系形成后，2013 年后智慧城市板块营业收入均高速增长。

5.5.2 政策建议

（1）政府层面。在企业转型升级的过程中，政府扮演着重要的角色。政府可以在企业经营环境、研发支持等方面为企业转型提供良好的制度保障。基于上述分析，本书提出以下几条政策建议：第一，地方政府可以通过优先选择国内企业进行智慧城市建设，为国内集成商提供广阔、持续的市场发展空间。在此基础上，优先选择类似案例企业这样的具有良好技术和服务体系的企业作为服务商，以此激励企业提升技术水平、业务素质以及综合服务能力，推动企业转型升级。第二，注重给企业研发与技术创新活动提供财税和金融等政策支持。对技术创新达到一定标准的企业采取税收优惠政策，大力拓宽高新技术企业的融资渠道，完善高技术产业的风险投资机制。进一步推进产学研合作，重点支持像汉鼎、银江这样研发实力强的企业承担行业核心技术的攻关，鼓励企业参与行业技术标准制定、构建自主创新技术体系（毛蕴诗等，2016）。第三，企业的技术创新、组织管理等动态能力是企业升级的关键，动态能力的内生化过程要求政府提高服务意识和服务能力，摒弃政府主导型思维，建立以市场为基础的高效的服务型政府，致力于建设利于本土企业转型升级的制度环境。

（2）企业层面。作为转型升级的市场主体，企业要不断地加强技术创新，形成核心技术、构建核心资源。同时，随着信息时代的到来以及技术更新的加速，企业面临日趋激烈、瞬息万变的经营环境，要有向高附加值、高收益的高端产业延伸、转型的前瞻性和紧迫性。通过不断提高动态资源获取能力、技术整合能力，实现跨产业转型升级。具体而言，对集成企业的转型升级建议如下：第一，加大技术创新与研发投入，提高核心技术和核心资质获取能力，围绕核心业务领域提升研发能力，获取更多的业务资质，构建适合自身发展战略的核心资源。第二，建立与企业转型升级战略相适应的组织架构与管理体制，增强动态资源获取能力。建立面向多区域、跨行业的营销渠道和销售渠道,强化企业对市场渠道的控制能力。延华智能正是凭借其优秀的组织管理能力有效地将核心技术、资源与当地客户需求、工程实际结合起来,真正提升了企业配置和调整核心资源的动态能力。第三,积极利用资本市场实现对主业上下游行业的关键企业并购整合,推动企业跨产业转型升级。跨产业转型升级与普通的过程升级、功能升级对技术与资源的需求不同,单个企业很难实现自身业务的跨产业延伸,只有充分利用资本市场的杠杆效应才能有效地实现对跨产业的核心价值链控制。

第 6 章　跨产业升级、战略转型与企业竞争力提升

6.1　问题提出

21 世纪以来，随着科技的发展，特别是大数据、互联网、物联网等通信与信息技术的迅速发展，以及与这些技术相关的应用、融合，行业之间的联系日益增多、边界日益模糊。行业融合产生了许多跨产业的技术创新和业务交叉（毛蕴诗和郑奇志，2012；毛蕴诗等，2016；李田等，2017），也形成了许多新产品、新行业与新的增长点，还带动了制造业的服务化转型。跨产业转型成为企业转型的新趋势，尤其在高新技术行业、信息产业中较为盛行，比如信息产业的 Intel、IBM 和 Microsoft 等公司都是通过跨产业升级形成新产品系列，进而进入新产业、新市场（毛蕴诗和郑奇志，2012）。

与传统的 OEM 企业以过程升级和产品升级为主的转型模式不同（宣烨等，2011；毛蕴诗等，2016；李田等，2017），集成企业的转

型路径更多的是基于核心资源的跨产业转型升级。中国传统的系统集成企业长期以来经营模式粗放、处于价值链低端，难以适应国内市场需求的发展，正面临着越来越大的发展压力。20世纪90年代，系统集成行业依靠硬件销售等业务获得可观收益，利润率一度接近40%。然而好景不长，根据赛迪顾问统计，2008年之后系统集成行业整体利润急转直下，跌至10%左右。行业平均利润率从40%跌至10%，系统集成市场竞争日趋激烈，集成商开始寻求突破与转型。特别是随着近年来"云计算、物联网、移动互联网、大数据以及智慧城市"的出现，集成商形成了一条颇具行业特点的跨产业转型路径：从硬件向规划、咨询、设计与综合技术服务解决方案提供商转型，再从解决方案向智慧创新应用（云计算、移动支付、大数据等）升级，并逐步实现从解决方案提供商向运营服务商的转变。具体而言，传统IT类集成商向"互联网+"领域发展，而建筑工程类集成商则向"智慧城市"领域发展，集成商跨产业转型战略初步成形。

然而，发展中国家企业的跨产业转型战略能否取得成功却仍是个未知数，也鲜有文献讨论，值得进一步研究和探索。研究者发现，后发国家的企业一般能比较顺利地实现产品升级和过程升级，但却很难实现跨产业升级（Giuliani，2005）。但是，跨产业转型战略又是后发国家企业提升其在全球价值链中地位的关键路径（Kaplinsky and Morris，2002；Humphrey and Schmitz，2002），对于中国企业突破全球价值链低端锁定、实现价值链攀升具有重要意义。

因此，在经济转型的大背景下，更为重要的问题是"跨行业转型战略能否成功以及如何走向成功"。进一步地，如何设计相应的组织架构以匹配跨产业转型战略，并获取更好的转型绩效？Chandler（1962，1992）指出，组织结构与企业战略应该相互匹配才能提高战略实施的价值。国内的研究也表明，多元化本身不一定带来更好的业绩，只有考虑组织结构变量后，多元化战略才对业绩有显著影响（肖星和王琨，2006；薛有志和周杰，2007）。企业如何调整组织架构以适应战略转型的动态性，成为企业界与学术界共同关注的话题，而且，现有研究发现，发达市场经济国家情境下的研究成果无法完全适用于转型经济（Peng and Luo，2000），因而探究转型经济特殊制度背景下的企业战略转型与组织响应具有非常重要的理论与现实意义（Ahlstrom and Bruton，2006）。

本章围绕企业跨产业转型路径、战略转变与组织响应来考察案例企业如何实施战略转型以提升企业核心竞争力。我们突出组织响应在跨产业升级战略中的核心作用，构建跨产业转型战略、组织响应与企业绩效的理论模型，以深圳达实智能股份有限公司（以下简称达实或者达实智能）作为案例研究对象，总结中国科技型企业跨产业转型战略实施路径与组织响应行为，为中国内销型企业实现跨产业升级、价值链攀升提供可资借鉴的参照案例。同时，探究这些问题，将可能在"跨产业战略转型如何培育竞争优势"问题上有进一步的理解和认识，推动新兴市场经济国家跨产业战略转型的相关研究。

6.2 已有研究脉络与本章研究视角

6.2.1 跨产业升级及其绩效

企业升级是指企业通过不同方式增加产品的附加值、增强企业竞争力的持续、动态过程。Gereffi（1999）认为，企业升级是企业提高能力以进入获利能力更强、技术密集型经济领域的行为和活动。从价值链角度来看，企业升级分为三个不同层次和阶段：价值链上的（一个或多个）环节升级、价值链整体升级以及跨产业升级（Kaplinsky and Morris，2001）。Humphrey 和 Schmitz（2002）则从全球价值链视角提出了发展中国家企业升级的四种模式：①产品升级（Product Upgrading）：通过引进更为先进的生产线，改进老产品或推出新产品以增加产品附加值；②过程升级（Process Upgrading）：通过采取更新的技术或重组、更新产品生产体系，提高产出效率；③功能升级（Functional Upgrading）：放弃旧功能获取，实现不同环节的跨越；④跨产业升级（Inter-sectoral Upgrading）：将现有产业的技术或知识用于新产业以获得新的竞争力。不同升级类型所获取的升级绩效如表6-1所示。

Porter（1991）认为，企业竞争力与企业成功不但取决于企业在产业内的竞争力，而且取决于企业是否处于营利性产业。因此，企业要

表6-1 企业升级实践和升级绩效

升级类型		升级实践	升级绩效
过程升级	价值链环节内	R&D；质量改进；引进新机器	更低成本、更高质量、效率、盈利能力、专利申请数量提高
	价值链环节间	R&D；供应链管理流程改进和学习；电子商务能力提升	成本下降、质量提升；更快抵达市场；通过价值链提升盈利能力和专利申请数量
产品升级	价值链环节内	R&D；供应链管理流程改进和学习	新产品销售额比重上升；品牌产品销售额增加
	价值链环节间	设计和营销部门扩展；增强新产品发展	品牌产品增加；在保持市场份额不变的情况下增加产品单价
功能升级	—	进入新的附加值较高的活动当中	增加新的关键功能；盈利能力提高；员工技能和薪酬提升
跨产业升级	—	进入新价值链进行生产；在新价值链增加新功能、新产品	盈利能力提高；新市场的产品销售比重提高；市场规模扩大

资料来源：Kaplinsky R. Morris, M. A Handbook for Value Chain Research [M]. Report Prepared for IDRC, 2001.

保持持续竞争力必须对所处的市场环境的变化做出持续的响应，适时地开展跨产业升级。跨产业升级是企业将一个产业的技术、知识运用到另一个或多个产业领域的过程（Humphrey and Schmitz, 2002；毛蕴诗和郑奇志，2012）。跨产业升级不仅带来企业升级，同时也带来产业结构升级和变化，企业生产从单一产品、低端产品向多元化、高端产品扩展，拓宽了产品服务领域和范围，开创了全新的市场。这些产业和业务扩展方式与企业原有资源、能力有一定的关联，但是很多产品逐步发展成为一个全新产品甚至全新领域，这种扩展方式在高新行业、信息产业中显得越来越重要（毛蕴诗和郑奇志，2012），比如信息产业的Intel、IBM和微软公司都是通过跨产业升级形成新产品系列进而进入新市场、新产业。

第6章 跨产业升级、战略转型与企业竞争力提升

以往国内关于企业转型升级的研究主要集中在加工贸易企业和OEM企业，讨论我国本土企业在从OEM向ODM、OBM升级的过程中如何提升在价值链中的位置、嵌入全球价值链（宣烨等，2011；毛蕴诗等，2016；李田等，2017；杨震宁等，2017），如今越来越多的文献虽开始关注并探讨国内企业跨产业转型升级战略（毛蕴诗和郑奇志，2012；刘阳春等，2013；毛蕴诗等，2016；韩宝山，2017），但是仍未见基于典型案例的研究。

6.2.2 企业战略、组织响应与绩效

长期以来，企业发展战略与组织结构的匹配问题都是实业界所关心的核心管理议题，并引发了研究者持续的研究兴趣（冯米等，2014）。钱德勒提出了著名的"结构追随战略"观点（Chandler，1962），认为组织结构应与企业战略相互匹配，并且组织与战略匹配会对绩效产生影响，这一观点获得了学术界的普遍认同。作为"战略决定结构"学说的代表性人物，钱德勒和威廉姆森都认为，企业多元化战略是第一步，随后才有跟随企业战略行为的职能结构向多部门结构的组织结构转变（Challdler，1962；Williamson，1975）。在决定了特定的发展战略之后，企业需要设计相应的组织结构与战略相匹配。钱德勒认为，一个拥有多个产品线、多区域经营的企业面临协调、控制问题，应该采用M型组织结构以适应经营环境的复杂性。威廉姆森则从交易成本角度进一步确认了这一思想，认为M型组织能够有效地在企业内部的各部门之间配置资源。

与Challdler和Williamson等战略学派不同，组织学派认为组织结

构反过来会对企业战略形成限制和影响（Fredrickson，1986）。组织不仅限制了管理活动框架，同时通过资源渠道、信息流动、权力结构等影响企业的战略决策。而且，除了上述两种争论之外，战略与结构之间的关系还有可能被视为一个动态过程（Harris，2000），即战略与结构相互影响、互为目的。

尽管学术界对"战略与结构"相互影响的关系并未形成完全统一的认识，但一个基本的共识是：企业战略与组织结构需要相互匹配，才能更好地提升公司运营效率和战略绩效（冯米等，2014）。钱德勒认为，只有企业的组织结构随着战略变革而转变，企业才能获得更好的转型绩效。组织结构与企业战略应该相互匹配才能提高战略实施的价值，多元化企业应该采取多部门组织架构才会带来更好的绩效。国内的研究也表明，多元化本身不一定带来更好的业绩，只有考虑组织结构变量后，多元化才对业绩有显著影响（肖星和王琨，2006；薛有志和周杰，2007）。遵循钱德勒的思想，后续研究者开展了大量经验研究，发展并继承了钱德勒的"战略决定组织"理论，其中最为突出的代表是 Rumelt。Rumelt（1974）以其规范的"战略—结构—绩效"（SSP）范式成为了"战略决定结构"实证研究领域的代表，激发了后续 30 年的经验研究，这些研究加深了学界对"战略与结构匹配影响企业绩效"的共识。

与此同时，也有学者指出，需要进一步研究组织结构如何与企业战略匹配才能更好地解释企业的转型绩效。已有研究表明，在成熟市场经济国家，战略与结构相匹配将给企业带来高收益（Chandler，1992）。然而，在新兴经济体中，我们经常观察到很多企业没有遵循"战略—结构"匹配原则（冯米等，2012）。冯米等（2012）进一步发现，行业集中度、金融市场制度以及所有权结构对中国企业集团的"战略—结构"匹配都有显著影响。

6.2.3 文献评述与本章视角

综上所述，现有文献对企业升级的研究主要关注产业内升级，随着互联网、大数据等信息技术的发展以及行业融合的深入，跨产业升级成为企业转型的新趋势，也逐渐成为文献关注的焦点。然而，跨产业升级转型战略如何取得成功，则与组织结构对企业战略的响应方式密切相关（Chandler，1962，1992）。战略转型时期是组织创新的活跃期，而且信息技术的发展、应用给企业组织变革带来了挑战和机遇，为组织结构创新提供了新的技术条件和手段，为组织变革研究注入了新议题（Hansen and Siew，2015；罗仲伟等，2017）。现有文献关于发展中国家"战略转型过程以及组织响应行为"的研究仍处于"黑箱"中，虽然有少数学者通过实证和案例研究的方式试图打开转型战略的"黑箱"（冯米等，2012；冯米等，2014；毛蕴诗等，2016），但整体来看仍然缺乏对战略转型过程机制及其组织响应的探索性研究。

本章所构建的理论框架中突出对转型过程及其组织响应的探索，旨在强调转型过程及其组织结构变化在战略转型研究中的重要性。根据这一思路，我们从跨产业转型战略出发，考察企业跨产业转型的战略转变路径，同时探讨组织结构对战略的响应行为，从宏观（跨产业战略转型）和微观（组织响应）相结合的视角来研究中国内销驱动型企业的跨产业升级战略及其绩效。

6.3 研究架构与理论分析

6.3.1 案例选择与数据搜集

企业升级是一个动态的过程（毛蕴诗和郑奇志，2012），在升级过程中很难进行操控，因此很适合进行案例研究（Yin, 2003）。与实证研究相比，案例研究更加贴近事实、更为客观严谨（Eisenhardt and Graebner, 2007）。案例的选择要与研究主题高度相关并具有说服力，也要具有典型性，以此保持良好的信度。作为案例研究的重要环节，典型案例的选取直接关系到案例研究的质量及其推广意义。从案例选择来看，对于具有代表性、典型性的案例宜采用单案例研究方法。跨产业作为管理实践中涌现出来的新趋势和新现象，也应该采用单案例研究方法来捕捉和追踪其发展特征，以保证案例研究深度、加深对同类战略转型问题的理解（Yin, 2003）。因此，本书采用单案例研究方法，通过构建理论框架进行案例研究以发现跨产业转型战略过程与组织响应机制等特征事实。

本章选取达实智能作为跨案例研究的对象。主要基于以下几点：①案例具有代表性和典型性，其经验能在一定意义上给本土内销型企业（产业）转型提供指导借鉴。从行业代表性来看，达实所在的集成行业早期为传统、粗放型制造行业，达实作为计算机信息与建筑工程集成行业领军企业,对该行业典型企业的研究能够为我国传统制造业转型升级提供有益借鉴。同时,达实又是(信息)高新技术产业的典型代表,其转型经验能够为我国高新技术企业升级提供有益借鉴。更为重要的是,其所在的集成行业主要以国内市场需求为主,属于典型的内销型企业,对该类企业进行研究有利于为内销型企业转型升级路径提供有益的借鉴,推动中国企业摆脱依赖外部市场转而以内需驱动为主,实现内生型增长转型。②从企业升级路径和绩效来看,达实智能经历了从集成、制造到服务业的跨行业转型过程,跨产业升级路径清晰,升级效果显著。达实从硬件向规划、咨询、设计与综合技术服务解决方案提供商转型,再从解决方案向智慧创新应用(云计算、移动支付、大数据等)升级,通过多次并购获取战略性资产并匹配以动态的组织结构响应,成功实现了跨产业升级、提升了经营绩效。而且,这种根据中国国内消费市场需求与技术变化而不断实行战略转变的发展路径具有典型的发展中国家企业转型特征,对于理解和推动类似中国这样的新兴市场经济国家企业转型具有独特价值。③案例研究的便利与数据可获得性。达实智能为上市公司,拥有大量丰富、清晰的信息可用于案例分析,公司网站便于收集最新的业务信息,相关研究机构的研究报告翔实可用。

本书搜集的资料主要通过浏览案例企业的官方网站、国家统计数据库、跨案例转型文献、公司年报、券商报告、巨潮咨询及百度、新浪等主流媒体关于公司的新闻报道等方式。通过对各种渠道来源的资料进行相互比较与验证,以确保最终研究所用材料尽可能地符合企业的客观情况,有效保障了案例研究的真实性与严谨性。具体地,主要通过券商对上市公司的历年年报以及各期研究报告,搜集获取公司业务转型的具体信息和路径,并获得公司近几年经营绩效的详细资料。同时,也积累了科技型企业以及跨产业转型的相关文献资料,通过对案例资料和文献资料的总结、提炼,验证相关研究主题。

6.3.2 研究框架与理论分析

企业升级的本质是通过向产业链上下游的高附加值环节延伸提高业务范围和能力,实现效益和竞争力提升。在重大技术条件和经营市场环境发生变化时,企业原有技术与资源储备可能无法满足市场需求。环境变化带来的压力会迫使企业做出策略性响应,推动企业升级(宣烨等,2011)。随着市场需求的不断变化,企业原有市场需求可能呈现不断萎缩、向行业外部扩展与融合的趋势,导致企业在原有经营模式下竞争力下降。因此,为了开拓新市场、提升竞争力,企业会在立足自身核心技术和资源的条件下,顺应市场发展需求向主营产业的上下游行业扩张。对于集成企业而言,随着大数据、云计算、互联网、物联网等技术创新的出现,新技术的市场应用导致行业边界日益模糊、行业融合进程加速(毛蕴诗和郑奇志,2012)。此时,企业通过纵向和横向两种扩张策略来适应市场需求与新技术应用带来的冲击。其一,在纵向层面,通过拓展产业链的上下游,实现产业链纵向一体化。其二,在横向层面,跨越到相关产业从横向实现跨产业延伸。最终,通过完善产业链和相关产业的跨产业升级实现产业高端化(见图6-1)。

因此,面对中国国内市场需求转变迅速的环境以及新兴技术对行业的渗透融合,企业会面临转型升级以适应变化。一方面,通过转型

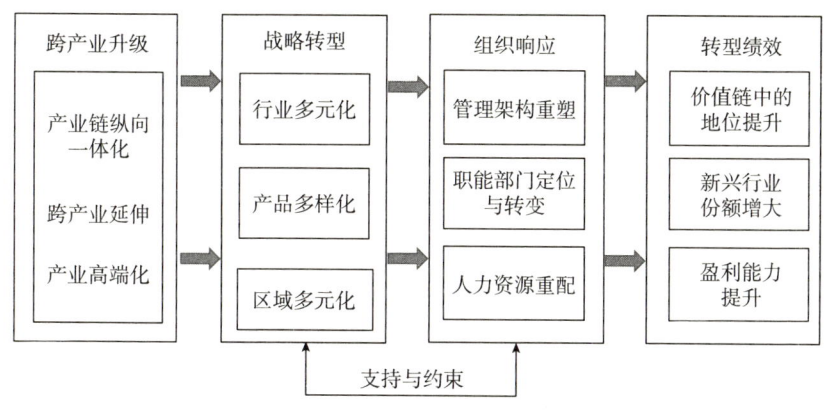

图6-1 跨产业升级、战略转型与组织响应

升级应对市场需求冲击产生的影响,另一方面,通过转型升级更好地利用新技术与新兴行业带来的供给侧的提质增效。从某种意义上说,内需驱动与技术创新同时引致企业进行跨产业经营、实施战略转型。在成熟市场经济国家,战略与结构相匹配将给企业带来高收益(Chandler,1992)。然而,在新兴经济体中,企业是否遵循"战略—结构"匹配原则仍值得进一步深入探讨(冯米等,2012)。在集成企业战略转型中,组织结构也做出了跟随式响应。特别是,面对跨产业、跨区域的转型战略,原有单一业务、单一区域的组织架构显然需要重组升级。而且,由于市场需求变化的持续性会导致跨产业升级与战略转型过程表现出渐进特征,组织响应也会表现出更为独特的动态演进特征,最终导致Chandler"结构追随战略"理论在新兴市场经济国家中呈现出"渐进式战略转型与动态组织架构响应"模式。这一模式是由新兴经济体的国内市场需求变化的多样性以及技术融合更替的频繁性所决定的,对于理解新兴市场的跨产业升级以及企业转型具有重要启发意义。

具体来看（见图6-1），①为应对市场需求转变和技术融合带来的压力，企业进入原有产业链的上下游核心环节，通过并购整合涉入新的产业领域，进而实现产业链的扩展和高端化延伸，实现跨产业升级。②跨产业升级最终引导企业实现三方面的战略转型：首先，在行业领域方面，嵌入与主业关联的行业领域，扩大经营范围、实现附加值提升；其次，在经营产品方面，扩展原有主业产品线的同时增加新兴行业产品，实现产品多样化；最后，在行业、产品具备核心竞争力之后，立足总部向全国各区域扩张，实现区域多样化（Regional Diversification）。组织结构调整是多元化经营成功的关键（Chandler，1962），只有建立与战略相匹配的组织结构，才可能产生好的绩效（Chandler，1992），战略转型与组织架构相互支持又相互制约。③为应对业务结构多元化与跨区经营战略，管理层通过重塑管理架构、新建职能部门以及重新配置人力资源，重构与公司转型战略相匹配的组织结构。组织结构对转型战略的有效响应是取得升级绩效的根本保障，在渐进式的战略转型过程中，企业需要动态调整组织架构以适应业务开拓需要。④"渐进式战略转型与动态组织架构响应"模式提高了企业面对不确定性环境变化的灵活性，跨产业战略转型过程中良好的组织结构匹配带来了绩效提升，具体表现以下几方面：企业在价值链的地位上升、新兴行业与新开拓区域收入在整个营收中占比增加，进而总体盈利能力更强。

6.4 案例研究与分析

6.4.1 案例企业基本概况

达实智能成立于1995年,其前身为深圳达实自动化工程有限公司。2000年10月,整体变更为股份有限公司,并于2010年6月在深交所成功上市。达实智能从代理国外工业自动控制系统产品起家,早期主要从事智能识别、门禁一卡通应用系统的研发、生产和销售,是国内最早的自动化控制及智能化整体解决方案供应商。随着业务的扩展,达实逐渐发展成为国内领先的智慧城市建设服务提供商,进入21世纪后实行跨行业发展战略,以"让城市更智慧、让建筑更节能"为经营宗旨,聚焦城市智慧建筑、智慧交通、智慧医疗提供服务,在智慧建筑和智慧交通领域始终保持行业领先地位。目前达实拥有包括深圳(总部)、北京、上海等地区在内的12家子公司、13家分公司及40多个办事处。达实荣获"福布斯2014中国潜力企业100强"称号,市场拓展和品牌影响力以深圳为源头辐射全国。

6.4.2 跨产业升级与产业链攀升

(1)跨产业升级历程。从达实智能作为集成商的发展历程来看,跨产业升级分为三个主要阶段。

第一阶段：从代理业务向硬件制造商转型。20世纪90年代，集成企业初创期基本以代理出售软件和硬件为主营业务，对技术的要求很低，大多集成商没有核心技术。1995年达实智能成立之初，主营业务为代理国外工业自动控制系统产品，尚不具备任何资质和核心技术。20世纪90年代，系统集成行业依靠硬件销售等业务获得可观收益，利润率一度接近40%。然而好景不长，2000年之后由于行业门槛低、进入者众多，利润率急剧下降，系统集成市场竞争日趋激烈。达实智能也从代理业务起步，在竞争加剧后开始向智能识别、门禁一卡通应用系统的研发、生产和销售一体化经营转型，成为国内最早的自动化控制及智能化整体解决方案供应商。

第二阶段：从硬件制造商向集成商转型。随着代理业务的进一步衰落以及客户需求的高端化，达实智能的自动化控制与智能化等原有主业不断遇到瓶颈。一方面，代理业务竞争激烈、利润微薄，同时自动控制业务涉及的产业链条过短、业务深度不够，原有业务的持续获利能力呈下降趋势。另一方面，客户的智能化需求越来越多样化，从原有对单一安防、自动化的智能需求逐步发展到对建筑的全方位智能需求。产业盈利和成长能力的非均衡性决定了企业将实施多元化经营（Anosff，1957），实施跨产业转型战略。原有业务利润空间下降和新兴行业吸引力增强，促使达实开始向智能建筑集成商转型。达实抓住市场发展机遇，开始从单一的智能安防向智能建筑各子领域扩张。通过培育系统集成能力、软件开发能力、咨询服务能力，获取各类建筑、安防与计算机的资质，达实再次转型成为具有核心技术和核心资源的优秀集成商。

第三阶段：从集成方案提供商向综合运营服务商转型。随着互联网、物联网技术的发展，传统集成商所涉猎的行业信息化需求不断增大，集成企业发展模式面临新的挑战和机遇。掌握互联网与物联网的核心技术、控制与这些技术相关的核心资源随即成为集成商的主要战略目标。特别是2010年后，云计算和大数据技术开始市场化应用，极大地推动了集成企业的转型进程。通过将大数据、云计算、互联网和物联网综合在一起，形成了所谓的"大智移云"时代。智能识别、移动计算、信息融合和云计算等信息技术的自主开发以及在智慧城市各个行业领域的市场应用成为主流。"大智移云"使传统的信息技术得以交融渗透，极大地改变了市场需求，是产业互联的重要技术载体，推动了新一轮产业变革。在此大背景下，达实的IT类集成业务开始向"互联网+"领域发展，而达实此前的建筑工程类集成业务则向"智慧城市"领域发展，形成了以客户为基础、以新兴技术应用为核心的跨越多个产业的转型战略。达实最终在智慧建筑、智慧医疗和智慧交通三大领域形成了一体化产业链模式，转型成为综合运营服务商。

（2）产业链攀升。以上我们看到达实从最初的软硬件代理销售发展成集成商，并通过跨产业战略发展成为智慧城市综合服务运营服务商。特别是随着近年来"云计算、物联网、移动互联网、大数据以及智慧城市"的出现，达实形成了一条颇具行业特点的跨产业转型路径：从软硬件销售向规划、咨询、设计与综合技术服务解决方案提供商转型，再从解决方案向新兴技术的智慧创新应用升级，并逐步实现从解决方案提供商向运营服务商的转变。

具体来看，达实自2010年上市以来，充分利用资本市场稳健地实现了产业链攀升（见图6-2）。2011年，达实开始在智能建筑大领域内执行行业聚焦战略：公共建筑聚焦于轨道交通、商业建筑聚焦于五星级酒店、工业建筑聚焦于工厂建筑。2012年，在细分行业开始沿着业务链向价值链前端拓展，从智能化制造延伸到咨询、设计、投资、运营等环节的完整智能建筑全生命周期产业链。2013年，在专注于智能建筑的基础上，拓展绿色医疗、数据中心等新兴行业领域，形成了"工程＋服务""技术＋金融"的新模式。2014年，进一步采用"技术＋金融"模式改造原有业务，拓展智慧交通新领域，推动公司由建筑智能化集成商向智慧城市建设和运营服务商转型。2015年，通过并购抢占智慧医疗市场，涉入智慧医疗产业。2016年，进一步在智慧建筑、智慧交通和智慧医疗行业的细分行业做深做精，至此达实初步形成了以智慧城市为核心的涉及智慧建筑、智慧交通、智慧医疗三大行业的全产业链体系，从制造业嵌入高附加值的服务业，提升了价值链地位。

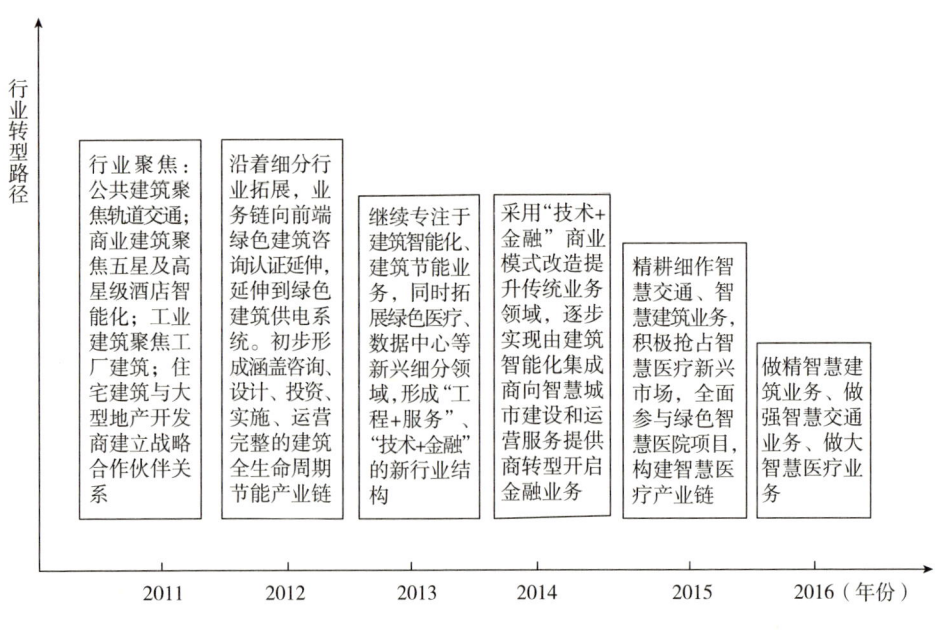

图6-2　达实跨产业转型与产业链攀升

6.4.3 战略转型与组织响应

通过对细分行业的深耕拓展上下游产业链,同时跨产业经营扩展产业范围,构建并形成了全产业链体系。跨产业升级与价值链攀升过程,实际上也是企业经营战略转型的过程。企业战略转型主要体现在立足核心资源、应用新技术实现行业多元化与区域多样化两方面。在企业渐进式的多维战略转型过程中,组织架构与组织体系通过动态调整形成对企业战略的有效支撑,表现出典型的"渐进式战略转型与动态组织架构响应"模式特征。

(1)战略转型。在发展战略方面,2011年达实开始行业聚焦与区域多样化并行战略。具体而言,在建筑智能化领域的各个细分行业实行聚焦,形成在分行业子领域的核心竞争力,并依托核心竞争力向全国扩张,初步形成了全国布局。2012年,在建筑智能化的细分行业的上下游、高附加值价值链延伸,进一步提升建筑智能化细分行业的价值链地位。2013年,通过整合外部产业链和内部资源,提升子行业的核心竞争力,同时开始向智慧医疗、智慧交通领域等新兴行业拓展。2014年,开始了由建筑智能化向智慧城市建设和运营服务商的转型,扩大行业范围,建立了覆盖智慧城市涉猎建筑、交通、医疗三大行业的建设与服务体系。2015年,通过内生和外延的方式,并购整合三大行业的上下游核心企业,完善产业链。2016年,在智慧建筑、智慧交通、智慧医疗完整产业链框架基本构建完毕的基础上,通过资本市场并购核心价值链上的企业,提升三大产业的产业链完整性以及对行业核心价值链的控制能力,做深做精细分行业(见图6-3)。

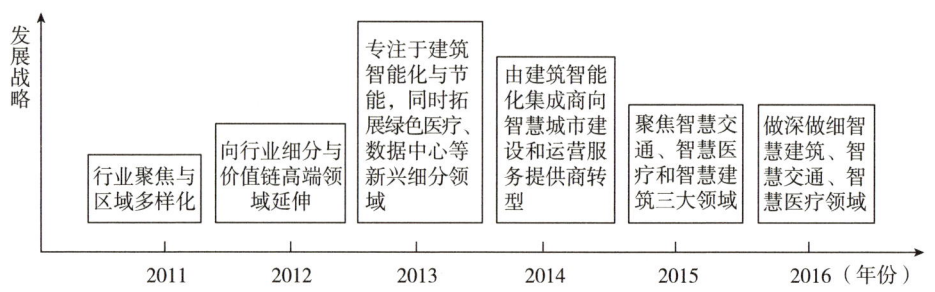

图 6-3 达实发展战略演进

（2）组织响应。企业的扩张与转型战略必须跟随相应的组织结构变化（Chandler，1962），以适应在跨产业、跨地域战略下管理决策的复杂性和多样性。达实在战略转型过程中，产业链纵向一体化与产业横向多元化行为相互交织，同时还出现了地域多样化（Regional Diversity）趋势，这突出了跨产业转型战略决策的独特性，也更能体现组织结构追随企业动态战略转型的复杂性。这种匹配关系的复杂性更加突出了组织与协调能力在企业积累核心资源、获取核心竞争力过程中的特殊地位：只有具备了快速的组织响应能力、高水平管理能力才有可能解决"战略转型与组织结构"关系中的关键问题（降低代理成本、降低交易成本、降低信息成本）并创造价值（Chandler，1962；Williamson，1975）。

在跨产业、跨地域的多维战略转型下，组织结构会在企业的不同层次形成对企业战略转变的响应。如表 6-2 所示，公司层面的战略转型主要为在产品、行业以及地域三个层面多样化所导致的资源配置模式变化，经营层面则体现为特定产品、行业、地域领域内的战略决策，而职能层面则具体表现为研发投入和内部资源在不同行业、地域的配置结构。相应地，组织结构会在管理体系、管理架构和组织结构上做出响应。具体而言，以分行业事业部和各地区分公司的形式应对经营战略的行业和地域多样化。行业事业部重点回应战略决策中的跨产业转型，灵活利用母公司的资源和技术，通过并购整合核心技术提升细分行业的核心竞争力。地区分公司则充分把握、利用当地的市场机会，开展研发和资源积累，做大地区业务。兼顾行业和区域的交叉式管理体系不但降低了交易成本（Chandler，1962；Williamson，1975），而且同时有效提高了公司对行业客户、当地市场机会的响应速度，极大地提升了运营效率。

表6-2 多维战略转型与组织响应

维度	多维战略转型			组织响应
层次	公司层	经营层	职能层	—
内涵	①公司产品、行业领域和经营地域的重新组合、资源重配；②多个关键战略维度上的资源配置模式变化	在特定的产品、市场领域或行业领域内改变战略决策	企业研发投入、内部资源配置的变化	管理体系、管理架构、组织结构的变化
度量与表现	各行业产品比重市场多元化水平	市场转型与行业转型指标	研发比重、销售与管理费用比重	成立行业事业部、各地分公司

资料来源：根据公司历年资料整理提炼得出。

具体而言，达实在战略转型的过程中，首先实行了行业聚焦战略，并依据细分行业建立了事业部（见图6-4）。2011年达实按照行业方向拆分为轨道、酒店、数字社区、建筑智能、建筑节能以及工业智能化几个事业部。随后，达实通过跨区域经营模式推动业务走向全国，地区分公司纷纷成立。公司形成了行业事业部与专业子公司相结合的组织架构，满足了达实"精耕行业"的战略要求。2013年，达实形成了事业部和子公司条条块块的管理模式。这个条块模式给组织管理和资源调配带来了一定的难度，随后两年公司在不同事业部之间、事业部和专业子公司之间，加强了方案、技术、营销等资源的融合，推动大客户、大项目的深入合作。

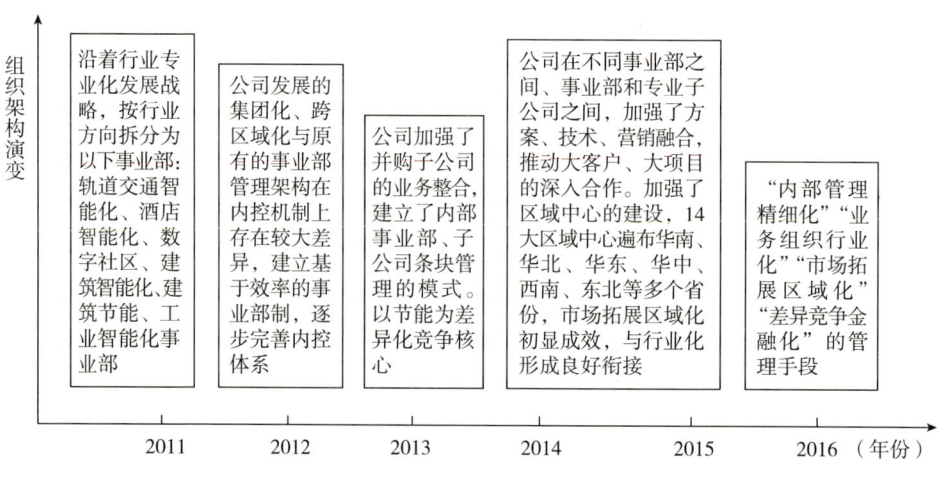

图6-4 达实组织架构演变与响应模式

同时，为了打破原有条块管理造成的资源冗余与决策滞缓，根据业务发展需要加强了区域中心的建设，将原来各地区林立的子公司与事业部收编整合改组为区域中心，成立华南、华北、华东、华中、西南和东北等14个区域中心，建立了适应规模扩张后的集团化管控机制，实现不同地域和业务单元的协同。改组后，市场开拓区域化成效显著，同时在行业层面通过并购与研发，行业核心技术与核心资源获取能力也得到增强。最终，达实在集团公司总部形成了"内部管理精细化、业务组织行业化、市场开拓区域化、差异竞争金融化"的管理格局。集团公司总部重点提升管理组织能力，而业务实施则以行业为基准，区域中心则负责当地市场开拓，通过各种融资并购价值链上的关键公司实现差异化竞争。达实的这种组织架构充分利用了行业和地区在业务经营与市场开拓中的优劣势，实现了资源的优化配置和组织的高效运营。

6.4.4 转型绩效

组织架构与企业战略相辅相成、互相支持也互相约束，良性、高效的组织响应模式有利于企业获取战略性资源、培育核心竞争能力，并最终带动转型战略的顺利实现。企业战略与组织结构匹配有利于提升运营效率、创造更好绩效（Chandler，1992；冯米等，2014）。达实通过动态的组织结构调整，有效地响应了客户需求、抓住市场机会，将新技术提供的机会转换为可持续的竞争力，"渐进式战略转型与动态组织架构响应"模式获得了良好的转型升级绩效，具体如表6-3所示。

表6-3 达实智能策略性行为与升级绩效

策略性行为	获得的核心资源与能力	升级表现与绩效
设立国家博士后科研工作站、深圳市自动化工程技术研究开发中心和解决方案研究中心三级研发体系	获得国家标准、专利和软件著作权等核心技术和资源	形成强大的自主创新能力和产业化推广能力
收购黎明网络有限公司	获得核心技术，提高从传统产业向新兴产业的转型能力	提升智慧交通业务深度、精耕行业
收购北京启迪德润能源科技公司	获得核心资质、技术人员、资产等资源提升产业链上下游整合能力	使业务链向绿色建筑前端延伸，提升业务深度和价值链位置
控股上海联欣科技发展有限公司	获得在华东地区的运营平台以及绿色建筑供电（强电）系统等核心资源	向咨询、服务等延伸业务链条，完善建筑全生命周期节能产业链

续表

策略性行为	获得的核心资源与能力	升级表现与绩效
收购上海腾隆变配电设备管理有限公司	获得分销门店、资产等资产性资源，完善产业链整合能力	延伸公司产业链，优化业务结构
整合小鹿暖暖（收购40%股权）	获取"互联网云医院"技术和渠道资源、绿色智慧医疗整合能力	向互联网医疗生态系统深度延伸，完善医疗全产业链的布局
收购久信医疗100%的股权	获得久信医疗洁净用房整体解决方案，有效利用其覆盖全国的营销网络，提高产业链整合能力	打造智慧医疗垂直产业链，提高价值链地位
在深圳成立达实智能融资租赁公司	获得金融服务能力，提高向服务转型的能力	延伸产业链条，提高价值链地位

资料来源：根据 Wind、巨潮咨询以及达实历年研究报告、年报整理得出。

同时，通过实施跨产业战略并匹配以相应的组织结构调整，达实不但取得了营业收入的高速增长，而且在跨行业、跨区域经营方面表现出显著业绩，具体如下：首先，营业收入呈高速增长态势（见图6-5），从2010年的5.3亿元到2013年突破10亿元大关，特别是2014年达实并购整合、完善产业链后在2015年、2016年连续实现了35%以上的高速增长。

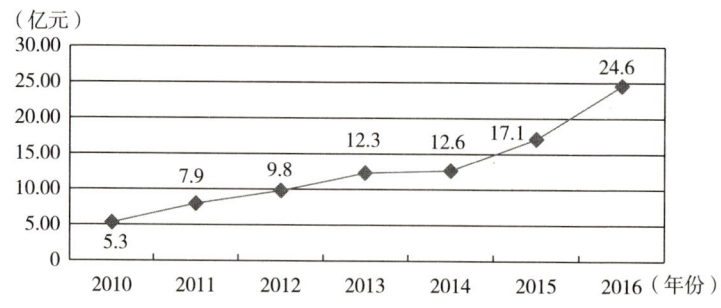

图6-5 达实历年营业收入高速增长趋势

其次,从营业额的地域分布来看,达实总部位于深圳,华南地区是早期经营的主要区域。从图6-6中可以看到2010年(及之前)达实的业务集中在华南片区,市场份额在70%以上。2011年达实在聚焦行业的同时开始沿着细分行业走向全国,这反映在业务地域分布上就是华南地区业务规模的快速下降和华东、华北等区域业务额的上升。华南地区的市场份额从2010年的73.4%下降到2011年的41.3%,随后华南市场份额一直稳定在30%~40%。达实在其后几年里开拓了华东、华北、东北、华中、西南、西北等区域。其中,华东地区市场份额上升最快,从2010年的16.6%上升到30%左右,最高的年份达到39.6%。区域多样化趋势消除了由于市场过于集中导致的经营压力,为达实智能实现稳定的高速增长奠定了基础。

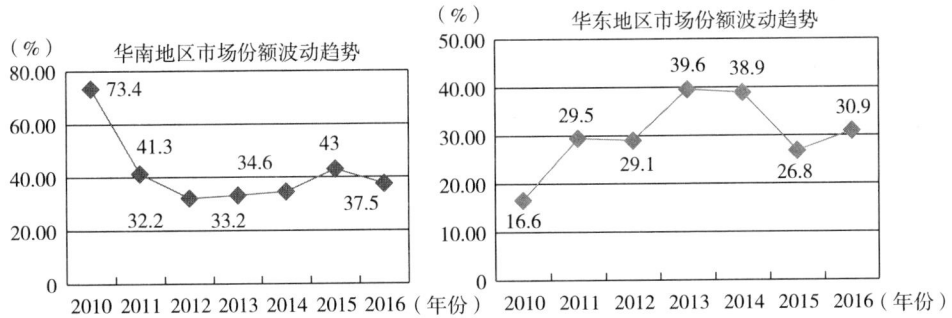

图6-6 华南华东地区市场份额波动趋势

资料来源:根据历年达实年报数据整理作图。

从营业收入分布来看,也出现了行业多元化趋势(见表6-4)。2011年之前建筑智能化、工业自动化和IC卡销售为主营业务,此时经营模式粗放、规模较小。2012年,通过并购整合开辟了新行业领域:

绿色建筑公用工程,并取得1.21亿元收入,随后这一行业营业收入突破2亿元。2014年进一步跨产业升级之后,形成智慧交通、智慧建筑、智慧医疗三足鼎立之势,并开拓了金融服务行业。2016年智慧医疗获得更快扩张,金融服务行业营收增长也较快。总体来看,通过并购整合,达实不但开拓了智慧医疗和金融服务这两个全新行业,同时延伸和深入到智慧建筑、智慧交通的细分行业,沿着价值链高端完成了行业扩张。

表6-4 达实智能历年主营业务业绩　　　　　　　　单位:万元

行业＼年份	2011	2012	2013	2014	2015	2016
建筑智能化及节能	44442.36	60506.01	74860.06	88962.59	智慧建筑及节能 119200.6	智慧建筑及节能 104240.5
绿色建筑公用工程	—	12065.94	16799.85	23667.15	智慧交通 27134.5	49865.2
工业自动化	3255.5	4108.56	2296.71	4242.08	智慧医疗 14960.4	77386.8
IC卡读写设备及其他	2851.05	终端产品及其他 2992.68	3935.04	5555.25	金融服务 3707.46	金融服务 6423.5
—	—	—	—	融资租赁 484.63	—	—
其他	250.7	2733.82	3297.6	3394.52	6127.9	7785.4

资料来源:根据历年达实年报数据整理作图。

第6章 跨产业升级、战略转型与企业竞争力提升

6.5 本章小结

6.5.1 本章小结

新兴市场经济国家的跨产业升级现象正逐渐成为企业界和学术界关注的焦点。跨产业升级作为企业升级的最高级模式和最新的产业升级模式，也是发展中国家企业最难实现的升级模式（Giuliani，2005；蒋兰陵，2010；毛蕴诗，2012）。新兴国家企业的跨行业转型战略能否取得成功以及如何走向成功等问题值得重点关注和探索。本章沿袭钱德勒的"结构追随战略"的思想，构建了理论模型分析中国科技型企业跨产业转型战略实施路径、组织响应与转型绩效，得到如下主要结论：

（1）本章构建的企业跨产业转型战略与组织响应模型具有一定的应用价值。本章以内销型集成企业为例，考察了企业随着国内市场需求变化和新技术的应用，开展跨产业升级过程中的产业链攀升、战略转型及其组织响应行为。通过构建产业链攀升、战略转型与组织响应的整合性分析框架，结合达实智能的升级过程进行了深入的案例探讨，描述了跨产业转型战略过程机制、具体的组织响应模式与升级绩效的关系，提炼出"渐进式战略转型与动态组织架构响应"模式特征，揭示转型战略与组织结构之间的互动关系，从而为中国内销型企业跨产业转型升级提供了可资借鉴的经验。该模型紧密结合中国内销型企业

所面临的转型环境与策略性行动特征,对于新时期内销型企业管理者执行战略转型决策具有一定的参考应用价值,同时有助于理解新兴经济体出现的跨产业升级现象。

(2) 原有市场需求萎缩、新技术的行业融合应用推动集成企业完成从销售代理向制造与集成商转型,再到智慧城市综合运营服务商的转型。21世纪初,集成行业竞争日趋激烈导致市场需求萎缩、利润下降,成为达实向智能建筑、安防等设备制造与集成商转型的重要诱因。2010年后,随着信息技术与互联网的行业应用,行业融合趋势带动了达实从两个层面推进跨行业转型:在纵向层面,通过拓展原有产业链的上下游,实现产业链纵向一体化;在横向层面,通过完善基于服务的系统集成能力向行业的服务领域拓展,依托并购整合向智慧城市的相关行业进行跨产业转型,最终发展成为智慧城市建设、运营与服务一体化综合服务提供商,实现产业高端化。

(3) 达实智能的跨产业转型战略表现在行业、产品与区域多样化三个层面。其行业、产品和区域在时序上如图6-7所示,第一阶段,为了生存,经营业务和行业较为分散。第二阶段,聚焦于具有核心竞争力的行业领域(点),通过行业聚焦积累核心技术实现优势区域业务的快速增长。第三阶段,行业方面:拓展核心竞争力在细分行业的应用(线),区域方面:沿着细分行业走向全国。第四阶段:形成核心行业的全产业链布局,构建具有综合运营服务能力的产业生态系统。通过分散→聚焦于点→扩散成线→融合成面,真正实现行业、区域和产品多样化的跨产业升级战略。

(4) 建立与跨产业、跨区域转型战略相适应的组织结构是达实成功转型的关键。快速的组织响应能力、高水平管理能力是解决"战略

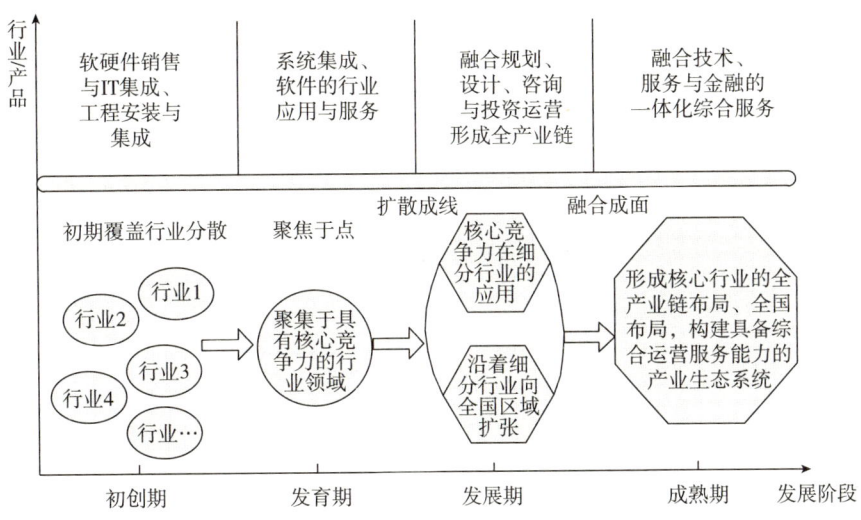

图 6-7 集成企业跨产业、跨区域转型路径

与结构"问题的前提（Chandler，1962；Williamson，1975）。达实通过建立行业事业部与区域中心，以响应在跨产业、跨地域战略下管理决策的复杂性和多样性。行业事业部响应行业客户需求，区域中心则负责开拓市场。同时，在条件成熟的事业部，实行区域与行业并存的矩阵式管理，使操作层面贴近客户、成本快速实现本地化，培育和提升了对客户的持续服务能力。条块式的行业与区域管理体制推动公司业务沿着细分行业不断推向全国，为成功转型提供了组织保障。

（5）与战略匹配的组织结构响应取得良好绩效。"渐进式战略转型与动态组织架构响应"模式是达实成功转型的关键，达实针对跨产业转型战略构建的条块式组织架构有效地提高了管理和运营效率，获得了显著成效。具体而言，从营业收入来看，跨产业转型扩大了行业和市场领域，增加了新行业、新区域的营业收入。新行业和新市场区域的快速增长，摆脱了对传统行业的依赖以及华南地区业务一枝独秀的局面，推动总体营收高速增长。从价值链角度来看，跨产业转型通过获取新产业的关键技术、市场渠道和关键资源，提升了企业在整个价值链上的地位。同时，通过对相关行业的多个细分领域持续控制，形成了完整的智慧城市产业生态系统，提升了企业的价值链控制能力，培育了企业的可持续竞争能力。

6.5.2 政策建议

自2008年金融危机以来，中国稳定的经济发展和庞大的市场容量使众多企业加强了对内销的重视。内销成为越来越重要的战略，国内市场需求转变是内销企业转型的重要动因。而且，新技术的发展和应用给企业战略转型、组织变革带来了挑战和机遇，为组织结构创新提供了新的技术条件和手段（罗仲伟等，2017）。为进一步推动企业更好地实现跨产业转型，本书对内销型企业的转型升级提出如下建议：第一，准确掌握、预先研判国内市场需求的动态变化，积极利用"云计算、大数据、物联网等"新技术整合传统产业，在改造升级传统产业的同时适时进行跨行业转型。第二，注重对组织结构的调整，建立与企业战略相适应的组织架构与管理体制，适时地根据战略转型的动态特征调整组织架构。针对跨产业转型战略，建立面向多区域、跨行业的管理体系，强化组织结构对客户需求、市场渠道以及成本控制的快速反应能力。第三，积极利用资本市场实现对主业上下游行业的关键企业并购整合，推动企业跨产业转型升级。跨产业转型升级与普通的过程升级、功能升级对技术与资源的需求不同，单个企业很难实现自身业务的跨产业延伸，只有充分利用资本市场的杠杆效应才能有效地实现对跨产业的核心价值链控制。

第7章 结论、政策含义与研究展望

7.1 研究结论

随着互联网、大数据、物联网、人工智能等新兴信息通信技术的发展,中国传统的 IT 企业的跨产业转型升级现象日益增多。然而,战略性的产业转型升级不是一蹴而就的,由于缺乏核心能力、缺少组织转型匹配以及宏观环境等诸多因素的限制,现实中很多中小型科技企业转型不顺,甚至陷入发展困局。与此同时,也有不少行业领先的科技型信息企业凭借多年积累的核心资源和竞争优势,并借助资本市场力量实现资源并购整合,有力地推动了跨产业的商业模式转型,形成了系统化、规模化、集群化的发展态势。

中国企业丰富的跨产业转型案例为我们的研究提供了良好的素材。本书以中国本土科技型企业跨产业转型战略实施的过程作为研究对象,对转型阵痛、转型困境进行理性的总结和思考,同时对转型的成功经验进行总结、提炼,力争通过不同侧面的案例研究为新时期中国企业高质量增长提供借鉴。

基于调研企业、东软和泰豪的双案例以及几个上市公司的跨产业案例研究发现，从业务类型与转型方式上看，有如下特征：

第一，多数企业早期经营主营业务方式比较粗放。早期企业为了生存，能够拿到订单的业务就做，这种模式比较常见，因此早期的业务范围较广，行业经营比较粗放。达实早期经营建筑智能化与建筑节能业务，主要以各种类型的建筑智能化、节能业务及其相关的 IT 集成为主，属于在一个大框架下经营多个行业这种类型。泰豪早期也以卖电站、电机以及光电产品、智能楼宇系统集成等业务为主，也经历了什么赚钱做什么的历史阶段。以智能建筑、系统集成等智慧城市概念为主营业务的企业延华、银江和汉鼎几个企业则表现更为明显，这些企业早期主要在楼宇智能化、各类型建筑系统集成、智慧城市的分支领域（交通、商业、工业以及医疗等）进行粗放式经营，主要开展设备销售、系统集成、软件以及管控平台系统等业务。

第二，早期经营行业比较宽泛，在早期的多个主营业务中，各业务之间平衡发展，主次不分明，核心竞争优势不突出。早期企业核心技术储备不多，生存压力大，为了获得利润，企业选择在不同行业经营。泰豪早期的行业包括智能电站、智能电气、光电信息、智能建筑电气、发电机与机组、装备信息以及楼宇电气等八九个行业，而且在多年的经营中这些行业不分主次，直到最近两年实施行业聚焦战略之后才逐步过渡到军工装备、智能电力两个行业。达实早期经营轨道交通、工业、商务、地产等几个方面的智能建筑系统集成，并且几个行业都未形成竞争优势。而东软早期的软件涉及政府、金融、电信、能源、制造业等将近 20 个行业的软件服务，虽然东软不断地突出其在各

第7章 结论、政策含义与研究展望

行业的竞争优势,但是宽泛的行业并未使得其在早期的行业经营中表现出对某些行业的着力发展,各行业之间的主次不明显。其他以系统集成、智慧城市等为主营业务的企业这种特征更为显著,一般是经营着智慧城市下面的多个行业,比如智慧交通、智慧法院、智慧检察院、智慧医院等。

第三,主营业务经历了由"多而散"向"行业聚焦"再到"选择性多元化"几个阶段。不论是经营一个行业的企业还是经营多个行业的企业,都经历了由多而散向行业聚焦的转型。达实早期在智能建筑这个大类下开展经营,上市后进行了行业聚焦,2011年开始,达实将行业聚焦在轨道交通、商业建筑、工业建筑以及大型房地产开发等几个行业,并且成立了相应的事业部管理体制,有效地对接行业聚焦战略。随后,在行业聚焦取得实效后,达实开始沿着细分行业扩张,并将智慧交通逐渐做大。在竞争力提升后,达实开始了有选择地根据自身核心战略资源的多元化拓展,开拓了智慧医疗行业。因此,2013年达实形成了智慧交通、智慧建筑以及智慧医疗三大行业的发展格局,其中前两者是原有业务的做精做深,后者是根据核心资源的相关多元化拓展。泰豪的行业聚焦则更为明显,2012年,泰豪开始提出突出主营业务、提升主导产品的发展战略,开始对核心业务进行聚焦,通过一系列的内部资源整合以及外部资源并购实现了对核心主营行业的优化和提升。2014年则更为明确地提出集中资源发展军工装备和智能电力两大主业,并且实施了一系列的股权调整、资源并购和亏损企业剥离等方案,形成了对两大核心业务的聚焦。与之对相应地,东软也从原来的多行业并行发展和逐步聚焦于软件系统集成、汽车电子以及医疗系统三大业务。

第四，逐渐积累资质与技术、构建核心竞争力、立足核心行业、形成稳定的可持续发展能力；围绕核心竞争力开拓行业细分领域与全国区域性市场，形成由多点聚焦到点再扩散到面。依靠企业积累的资质与技术，获得丰厚利润，推动企业发展壮大。在壮大规模之后，不断扩展企业在各种资质、关键技术的累积，构建基于核心行业的资质、技术链条，成为核心行业向上下游产业链扩展的关键支撑，进而形成全产业链的稳定的可持续盈利能力。关键资质与技术的获取，让企业有更丰厚的利润，从而可以更加从容地应对业绩波动，企业在积累形成多样化关键技术系统后更加聚焦于核心行业。进一步地，企业围绕核心行业、核心技术以及核心的客户资源开展相关性极强的多元化扩张，一般是沿着细分领域走向行业纵深、向产业链高端扩张（比如向高端咨询、规划、设计以及运营等高附加值的服务端延伸）和公司本土所在省份之外的全国其他区域。达实智能的行业战略就是如此，早期针对经营行业不够聚焦的情况，达实2011年开始聚焦于智能建筑的各个优势行业，并且在逐步积累技术和资质优势之后向细分行业扩展，并且逐步走向全国。近年来，达实依赖自身技术与核心客户等资源开始借助资本市场向智慧医疗领域扩张，进而形成了智慧交通、智慧建筑与智慧城市的全产业链布局。

从业务模式来看，早期企业主要以设备售卖、工程安装、工程建设、系统集成等业务为主。随着企业发展，企业在各方面的技术储备与积累日益增多，资本实力也越来越雄厚。加上互联网技术对IT产业形成巨大冲击，金融与实体经济的互动日益增多，企业在业务模式上逐渐发生转型，企业开始采取"技术+金融""技术+服务""工程+服务""互联网+各类智慧城市领域""大数据+服务"以及"大数据+

行业"等模式对传统业务进行改造、升级。

达实采用"技术+金融"的商业模式对传统业务进行改造,以形成"工程+服务""技术+服务"的运营模式,推动企业由智能建筑、智能化集成商向智慧城市建设和运营服务商转型。泰豪则突出了对传统行业的服务类型业务转型,通过一系列的并购,泰豪有效地将传统业务领域各个产业的布局推向纵深,并购整合了上下游企业,形成了全产业链布局,延伸了产业的价值链。并且,泰豪还专门成立了投资基金助力并购。东软提出以商业模式创新和知识资产驱动业务增加,改变传统IT企业以拼人头的形式开展竞争,转而以知识资产作为核心竞争力,推动核心业务的专业、IP化以及互联网化。汉鼎则推出"互联网+金融+"模式改造传统业务,拓尔思推行"大数据+行业""大数据+服务"等战略,银江股份打造"大数据平台+软件服务+系统集成+数据运营服务"的银江智慧城市产业生态圈,都充分体现了企业在面对日益变化的环境做出的业务模式调整。

从业务区域分布与拓展来看,对于多数企业而言,早期的发展区域主要在企业成立初期所在省份。基于企业总部所在省份的客户资源,企业不断地将业务扩展到本省的各个可能领域,扩大自身规模。当企业规模扩大到一定程度,以及拥有一定核心技术之后,企业就开始考虑区域多元化战略。企业的资源基础将影响其多元化战略方式的选择。根据资源基础观的相关观点,实施多元化战略的往往是在产业或区域间拥有可转移的超额资源和能力的优势企业,资源基础观在强调企业内部条件对企业竞争优势的决定性作用的同时,也聚焦于解释多业务和跨区域企业的成长和发展。资源基础观认为,解释企业多元化形式的决定性因素在于企业自身所拥有的资源与能力特性企业在积累独特

· 151 ·

资源方面进行合理配置，整合与利用的能力是形成企业可持续竞争优势的主要来源（Wernerfelt，1984；Barney，1991）。Chatterjee 和 Wernerfelt 的研究认为：企业多元化选择取决于其可得的超额资源的类型，实物无形的资源更有利于企业进行相关多元化，而占据优势财务资源则更有利于企业执行非相关多元化战略（Wernerfelt and Montgomery，1988）。此外，Caves 指出，企业的资源集合对不同方向的扩张有不同的适应性，在所有其他条件相同的情况下，企业会更倾向于选择能够有效利用其富足资源的扩张机会（Caves，1996）。显然，企业拥有的资源能力构成了多元化战略选择最重要的基础。

区域多元化意味着企业在不同地域的子市场通过水平或垂直一体化的方式进行扩张企业作为组织与资源的集合，其扩张战略选择是内部资源能力和外部环境相互作用的结果，企业的资源基础将影响其多元化战略方式的选择。对于企业资源而言，有技术、资质等资源，也有客户关系（比如政府关系、行业关系等）型的资源，这些都是推动企业跨区域经营的重要资源。另外，还有由技术、资质以及客户服务经验累积形成的项目综合服务能力也成为企业跨区域经营的重要依赖。

在规模较小的时候，由于掌握的资源有效以及生存压力等原因，企业更可能采用内涵式，通过修炼内功提升实力。在经历了初创期以后企业开始谋求外延式发展，但大多数企业都会选择在兼顾内涵提升的基础上向外扩张。当外部环境比较有利、环境中资源比较充足而且企业可以较为便利地获得、企业也有足够的资源和能力去进行外延发展时，企业会积极拓展外延。而且，企业外延发展的转型实践多是建立在相关多元化的基础上，依靠自身的核心技术、核心客户资源以相关多元化模式实现行业发展转型。总之，科技企业行业转型的规律是基于核心能力，从单一行业逐步转型到相关行业，或者在原有行业的基础上进行"互联网+""技术+"以及"服务+"等模式的改造。

在区域扩展方面，IT上市公司主要是依靠自身的核心技术以及企业在该领域的专业化的综合服务能力实施跨区域拓展。泰豪依靠其在电力与军工两大核心领域的超强专业化能力，逐步从江西走向全国，垄断了智能电力电网行业几乎1/3的市场。达实则依靠其在智能建筑细分领域的专业化能力和核心技术，逐步在全国14个大区域建立了中心，形成全国经营模式。东软则依靠强大的品牌优势与核心技术，沿着行业（政府的电子政务、电信、金融等行业）走向全国，其医疗系统更是在经过近20年的技术和研发积累后，逐步将行业应用推向全国市场和全球市场。

两个成功转型的案例研究表明：其一，跨产业转型需要组织转型与之匹配；其二，核心资源与动态能力是跨产业转型成功的有利基础条件。

7.1.1 跨产业转型与组织响应

新兴市场经济国家的跨产业升级现象正逐渐成为企业界和学术界关注的焦点。跨产业升级作为企业升级的最高级模式和最新的产业升级模式，也是发展中国家企业最难实现的升级模式（Giuliani，2005；蒋兰陵，2010；毛蕴诗，2012）。

（1）企业跨产业转型战略与组织响应模型具有一定的应用价值。

"渐进式战略转型与动态组织架构响应"模式特征揭示了转型战略与组织结构之间的互动关系,从而为中国内销型企业跨产业转型升级提供了可资借鉴的经验。该模型紧密结合中国内销型企业所面临的转型环境与策略性行动特征,对新时期内销型企业管理者执行战略转型决策具有一定的参考应用价值,同时有助于理解新兴经济体出现的跨产业升级现象。

(2) 原有市场需求萎缩、新技术的行业融合应用推动集成企业完成从销售代理向制造与集成商转型,再到智慧城市综合运营服务商的转型。21世纪初,集成行业竞争日趋激烈导致市场需求萎缩、利润下降,成为达实向智能建筑、安防等设备制造与集成商转型的重要诱因。2010年后,随着信息技术与互联网的行业应用,行业融合趋势带动了达实从两个层面推进跨行业转型:在纵向层面,通过拓展原有产业链的上下游,实现产业链纵向一体化;在横向层面,通过完善基于服务的系统集成能力向行业的服务领域拓展,依托并购整合向智慧城市的相关行业进行跨产业转型,最终发展成为智慧城市建设、运营与服务一体化综合服务提供商,实现产业高端化。

(3) 达实智能的跨产业转型战略表现在行业、产品与区域多样化三个层面。第一阶段,初期为了生存,经营业务和行业较为分散。第二阶段,聚焦于具有核心竞争力的行业领域(点),通过行业聚焦积累核心技术实现优势区域业务的快速增长。第三阶段,行业方面:拓展核心竞争力在细分行业的应用(线),区域方面:沿着细分行业走向全国。第四阶段:形成核心行业的全产业链布局,构建具有综合运营服务能力的产业生态系统。通过分散→聚焦于点→扩散成线→融合成面,真正实现行业、区域和产品多样化的跨产业升级战略。

（4）建立与跨产业、跨区域转型战略相适应的组织结构是达实成功转型的关键。快速的组织响应能力、高水平管理能力是解决"战略与结构"问题的前提（Chandler，1962；Williamson，1975）。达实通过建立行业事业部与区域中心，以响应在跨产业、跨地域战略下管理决策的复杂性和多样性。行业事业部响应行业客户需求，区域中心则负责开拓市场。同时，在条件成熟的事业部，实行区域与行业并存的矩阵式管理，使操作层面贴近客户、成本快速实现本地化，培育和提升了对客户的持续服务能力。条块式的行业与区域管理体制推动公司业务沿着细分行业不断推向全国，为成功转型提供了组织保障。

（5）与战略匹配的组织结构响应取得良好绩效。"渐进式战略转型与动态组织架构响应"模式是达实成功转型的关键，达实针对跨产业转型战略构建的条块式组织架构有效地提高了管理和运营效率，获得了显著成效。从价值链角度来看，跨产业转型通过获取新产业的关键技术、市场渠道和关键资源提升了企业在整个价值链上的地位。同时，通过对相关行业的多个细分领域持续控制，形成了完整的智慧城市产业生态系统，提升了企业的价值链控制能力，培育了企业的可持续竞争能力。

7.1.2 核心资源与跨产业转型

跨产业升级现象正逐渐被国内学术界关注（宣烨等，2011；毛蕴诗和郑奇志，2012；毛蕴诗等，2016），特别是随着信息技术和互联网的发展，产业边界融合与变动较为频繁、行业边界日益模糊，跨产业的业务交叉现象越来越多，这种扩展方式在高新行业、信息产业中尤其明显（Humphrey and Schmitz，2000；毛蕴诗和郑奇志，2012）。

（1）基于核心资源与动态能力的企业跨产业升级模型具有一定的应用价值。案例企业基于核心技术与核心资源将现有资源、能力应用到新兴产业形成动态资源整合能力，进而在新市场、新产业获取竞争力，成功实现了跨产业转型升级。核心资源、动态能力与跨产业升级的整合性框架，描述了核心资源、动态能力、跨产业升级路径以及升级绩效的关系，揭示几者之间的互动关系，从而为中国内销型科技企业转型升级提供了可资借鉴的经验。该模型紧密结合中国内销型企业所面临的转型环境与策略性行动特征，对于内销型企业管理者执行战略转型决策具有一定的参考应用价值。

（2）技术条件、市场需求等宏观环境变迁是促使集成企业转型升级的重要诱因。在信息技术与互联网迅猛发展的背景下，技术条件、市场需求等制度环境对于分析快速变化的动态环境下的企业转型升级至关重要。集成企业在经历了20世纪90年代初创期的高速发展后，进入21世纪后由于竞争加剧、市场需求下滑导致的双重挤压促使企业开始思考转型升级。智慧城市建设诱发的上下游产业发展为案例企业转型升级提供了极大的市场空间。在技术层面，"云计算、物联网、移动互联网和大数据"的出现为案例企业采用新技术改造、提升传统业务，建立完整的"集制造、技术与服务一体化"的智慧城市全产业链提供了技术支撑。

（3）核心技术与核心资源是企业推进区域扩张、跨产业转型升级的必备资源条件。延华、汉鼎与银江始终保持了在各自领域的技术和资质领先地位,并据此在行业内获得了较大规模和较强的资金实力。核心技术、系统集成能力与业务资质的积累为集成企业储备资产性资源奠定了基础,帮助企业不断扩大总部地区的市场份额的同时,为后期的区域扩张、行业扩张提供了资源基础。在核心技术和资源的支撑下,随着各类互联网、云计算等新技术的出现,企业借助现有核心资源和核心能力对原有业务进行升级,以资产性资源为依托通过知识性资源整合新技术、新资源进入企业内部,为企业进入新的产业领域、实现产业链的扩展和延伸提供了可靠的保障。技术、系统集成与创新能力成为企业转型升级的基础性资源条件。

(4)并购整合与动态资源获取能力是推动跨产业转型升级的关键。在转型升级过程中,通过成立全国各大区域性中心、各地分公司与行业事业部等,汉鼎、延华和银江建立了面向全国的销售渠道和管理组织系统。进一步地,案例企业将销售能力、品牌影响力以及组织管理能力应用到新的产业领域,为提升企业动态的新的资源获取能力、知识整合与吸收能力创造了条件。随后,汉鼎、延华和银江利用资本市场并购整合与原有主业关联的细分领域、渠道相通的关键企业,获得通往相关产业的渠道、核心技术与核心资产,提升了价值链地位和对产业链上下游的整合能力,产业向高端化延伸,实现跨产业升级。

(5)核心资源和动态能力推动的跨产业升级绩效显著。与产品升级、功能升级和过程升级这些单一产业内部的转型升级不同,基于核心资源和动态能力所推动的跨产业转型升级不但给案例企业带来了营收能力的提升,而且完善了产业链。

跨产业升级、战略转型与企业竞争力提升研究

7.2 政策含义

上述研究结论蕴含了丰富的政策含义:

对于国内以本省作为目标市场的中小型集成企业,特别是转型遇到困境和阵痛的中小型企业,我们提出如下政策建议。

第一,梳理公司发展战略,强化战略咨询对业务发展的引导和拉动。向国内先进软件企业东软集团学习,成立公司层面的战略研究与规划部门,强化战略咨询、业务规划对业务发展的拉动。理清公司财务状况,摸清各个主要业务板块内部的细分业务,搞清业务内部的细分领域、业务板块之间到底什么关系。通过梳理业务关系,明确哪些业务是公司本身具有竞争优势和核心竞争力的,哪些业务只是短期盈利的业绩需要,哪些是传统型业务,哪些是创新型业务。在这个过程中,逐步确立核心业务板块以及相应的细分行业,确立战略性业务领域作为未来的创新发展业务,引领公司发展的战略性转型。

战略部门需要同时做减法和加法。一方面,通过内部整合,删减掉一些没有竞争力、看不到成长前景的行业,形成行业聚焦;另一方面,有必要在战略部门下设专门的并购小组,在聚焦的行业领域沿客户价值链向贴近客户方向纵向一体化延展,放大公司核心技术应用的空间和价值,进行相关技术和产品的横向整合,增厚公司技术实力,提供更加丰富、完整、方便客户的全行业解决方案。并购小组可与外部专业的中介机构合作,研究确立公司并购的战略定位与产业方向,

积极搜集、选择和评估目标对象，做好并购相关商业模式和建议计划拟定。通过并购、外延式扩张模式，主动促进公司业务模式创新、行业区域市场覆盖、提高市场和竞争地位，推动公司未来业绩的快速增长。

第二，准确研判信息产业发展大趋势，加深对行业的理解和分析，为公司制定战略提供支撑。随着信息技术创新的不断加快，信息领域新产品、新服务、新业态大量涌现，在云计算、大数据、物联网、移动互联网等新一代信息技术驱动下，将进一步加快软件业向服务化转型的步伐。云计算及移动互联网等新兴领域快速增长，推动中国软件产业进一步向研发、设计及全生命周期解决方案发展，产业链由低端向高端逐渐延伸，这为软件企业的发展提供了良好的市场环境和发展机会。而且，随着软件服务化的趋势，服务将会占据越来越重要的位置；系统集成、系统建设的价值含量越来越低，利润率也越来越低，因此公司在未来发展中将继续坚持产品和信息服务的发展战略，在软件和服务业务方面投入更多的资源。

对于系统集成和智能建筑领域，随着智能化技术的不断发展及行业内管理的日益规范，高附加值的智能化行业进入壁垒日益提高，对智能化行业内企业技术、资质、规模和资金实力等方面的要求不断提高，高端智能化行业的竞争激烈程度将加剧，从而影响公司未来的市场份额和项目获利水平。系统集成商总体规模越来越大，在专业化解决方案领域也越来越强，业务运营模式、竞争方式正在发生颠覆式变化，云计算、大数据以及"互联网＋"等新兴技术与产业的迅猛发展对公司这类保持传统经营方式的IT企业将产生较大冲击。

第三，大力实行业务聚焦战略，确立转型发展行业方向。在系统集成 IT、智能建筑 IB 领域,改变摊大饼的发展模式,聚焦具有核心竞争力并具有发展潜力的细分领域,主动将这些领域与"云物移大智"进行结合,提高 IT、IB 的技术先进性和项目附加值。在聚焦后的细分领域注重延长系统集成、智能建筑业务链条,逐步向这两块业务聚焦后细分领域的规划、咨询、设计和运营全生命周期产业链延伸,构建基于服务的系统集成能力,由单纯的建筑与系统集成商向软硬一体化的集成与运营综合服务商转型。在具备细分领域真正具备核心的综合运营服务能力之后再向全国复制、扩张,实现依靠核心技术与核心竞争力的对外扩张战略,提高各地分、子公司的盈利能力。

在软件服务领域,统筹分类将其分为电子政务类、行业类(司法、交通、发改、民政)、支持类(软硬一体化),采取差异化策略推动发展。电子政务类淘汰弱势行业、择优发展一两个有前景的行业;行业类业务加大投入,整合公司优势资源全力推动,选准并聚焦几个细分行业,实现业务聚焦;支持类并入传统 IT、IB 业务群,实现软件服务与 IT、IB 的融合互动,服务于传统业务群的服务化、综合化运营目标。软件服务领域关键是要选准并聚焦细分行业,"精耕细作",向华宇软件学习,逐步做到在某个行业的全业务链条布局。积极推进云计算技术、物联网、大数据、移动互联网等技术在行业产品和解决方案中的深度融合和应用,提高各细分行业信息化应用能力。加大基础性、平台型软件技术研发投入,建立具有核心技术的宏杨科技软件技术库。

另外,在区域发展方面也需要更加聚焦。改变公司原有的不计成本、不择行业、不选区域的拓荒式区域扩张策略,如果公司在某些领域具有核心竞争力,在原有业务逐步萎缩的情况下,可以调整经营策略,依靠核心技术或者核心能力,沿着细分行业走向全国,从而使业务结构更加均衡,实现跨区域发展的同时稳定营收增长。

第四,加大研发投入,强化资质和技术对培育、提升核心竞争力的推动效应。完善资质体系,除继续保持国家计算机信息系统集成一级资质、建筑智能化工程专业承包一级资质、建筑智能化系统设计专项甲级资质、涉及国家秘密的计算机信息系统集成资质等从事智能化建筑、信息工程设计施工所需的最高资质外,向其他相应的资质延伸,由此推动公司IT、IB业务向总包方向迈进,扩大公司的业务规模,增加公司的盈利能力。加大研发投入,特别是一些共性技术的研发投入,保持技术领先,提高品牌识别度,抢占市场先机,维持公司的竞争优势。

第五,建立与发展战略相适应的管理架构,提升组织效率。宏杨科技经过多年发展,已经在全国十多个省份设立了分、子公司,如何协调总部职能部门与分、子公司的关系,提高总部资源对各区域公司的支持效率,成为制约公司转型的重要问题。必须构建与公司发展战略相配套的组织架构,在逐步确立了行业发展战略后,适时调整组织架构以满足"精耕行业"的战略要求。根据行业专业化发展的公司战略,按行业方向拆分为不同事业部,以事业部制为主,一个行业一个事业部,有利于精耕行业。对于专业子公司可以保留现有的形式,形成行业事业部及专业子公司相结合的业务架构。探索内部事业部、子公司条块管理的有效模式,建立适应规模扩张后的集团化管控机制。

基于集成企业、科技型上市公司的成功转型案例,我们从政府和企业两个层面提出如下政策建议:

(1)政府层面。在企业转型升级的过程中,政府扮演着重要角色。政府可以在企业经营环境、研发支持等方面为企业转型提供良好的制度保障。基于上述分析，本书提出以下几条政策建议：①地方政府可以通过优先选择国内企业进行智慧城市建设，为国内集成商提供广阔、持续的市场发展空间。在此基础上，优先选择类似案例企业这样的具有良好技术和服务体系的企业作为服务商，以此激励企业提升技术水平、业务素质以及综合服务能力，推动企业转型升级。②注重给企业研发与技术创新活动提供财税和金融等政策支持。对技术创新达到一定标准的企业采取税收优惠政策，大力拓宽高新技术企业的融资渠道，完善高技术产业的风险投资机制。进一步推进产学研合作，重点支持像汉鼎、银江这样研发实力强的企业承担行业核心技术的攻关，鼓励企业参与行业技术标准制定、构建自主创新技术体系（毛蕴诗等，2016）。③企业的技术创新、组织管理等动态能力是企业升级的关键，动态能力的内生化过程要求政府提高服务意识和服务能力，摒弃政府主导型思维，建立以市场为基础的高效的服务型政府，致力于建设利于本土企业转型升级的制度环境。

（2）企业层面。作为转型升级的市场主体，企业要不断地加强技术创新，形成核心技术、构建核心资源。同时，随着信息时代的到来以及技术更新的加速，企业面临日趋激烈、瞬息万变的经营环境，要有向高附加值、高收益的高端产业延伸、转型的前瞻性和紧迫性。通过不断提高动态资源获取能力、技术整合能力，实现跨产业转型升级。具体而言，对集成企业的转型升级建议如下：①准确掌握、预先研判国内市场需求的动态变化，积极利用"云计算、大数据、物联网等"新技术整合传统产业，在改造升级传统产业的同时适时进行跨行业转型。②加大技术创新与研发投入，提高核心技术和核心资质获取能力，围绕核心业务领域提升研发能力、获取更多的业务资质,构建适合自身发展战略的核心资源。③建立与企业转型升级战略相适应的组织架构与管理体制,增强动态资源获取能力。建立面向多区域、跨行业的营销渠道和销售渠道,强化企业对市场渠道的控制能力。延华智能正是凭借其优秀的组织管理能力有效地将核心技术、资源与当地客户需求、工程实际结合起来,真正提升了企业配置和调整核心资源的动态能力。④积极利用资本市场实现对主业上下游行业的关键企业并购整合,推动企业跨产业转型升级。跨产业转型升级与普通的过程升级、功能升级对技术与资源的需求不同,单个企业很难实现自身业务的跨产业延伸,只有充分利用资本市场的杠杆效应才能有效地实现对跨产业的核心价值链控制。

7.3 局限与研究展望

本书基于调研企业以及集成企业上市公司,对中国本土以内销为主的企业跨产业转型升级问题进行了探索性研究。跨产业升级作为企业升级的最高级模式和最新的产业升级模式,成为后发国家企业提升其在全球价值链中地位的关键路径(Kaplinsky and Morris,2002;Schmitz and Hubert,2004),但是国内对此的案例研究与经验研究仍然颇为鲜见。发展中国家跨产业升级问题相当复杂,国内外学者尚未有统一的分析框架和解释路径。跨产业转型问题是一个复杂的系统问题,涉及组织转型、管理转型以及企业核心竞争力动态演化等问题,单单通过案例只能管中窥豹，难免存在不足之处。本书尚存在一定的不足和局限，有待于未来研究。首先，本书构建的跨产业升级模型，仅仅选取了几家具有代表性的企业进行了案例分析，所构建的模型也只是从核心资源、组织响应两个角度对企业转型成效进行研究。这些模型对整个集成企业转型升级的适用性仍需要进一步探讨。未来可以选取更多集成企业进行案例研究，以验证模型的适用性。其次，跨产业升级在国内研究颇为鲜见，而发展中国家跨产业升级问题相当复杂，本书所形成的跨产业转型升级探索性的分析范式能否进一步推广到中国，基于国内市场需求的其他行业的内销型企业，其结论是否会发生变化等问题都是值得深入研究的。最后，由于数据获取原因，本书的分析主要是定性研究，未能对跨产业转型升级影响因素进行量化分析。未来可将其量化，通过大样本数据开展实证研究，取得更加丰富的经验证据，再结合案例进行研究，有望得到更加丰富、翔实的证据。

参考文献

［1］ Ahlstrom D. , Bruton G. D. Venture Capital in Emerging Economies: Networks and Institutional Change ［J］. Entrepreneurship Theory and Practice, 2006（30）: 299 – 320.

［2］ Alfred D. Chandler, Strategy and Structure ［M］. Cambridge, MA, MIT Press, 1962.

［3］ Amihud Y. , Lev B. Risk Reduction as a Managerial Motive for Conglomerate Mergers ［J］. Bell Journal of Economics, 1981, 12（2）: 605 – 617.

［4］ Ansoff H. I. Strategies for Diversification ［J］. Harvard Business Review, 1957（35）: 113 – 124.

［5］ Ansoff H. I. Corporate Strategy: An Analytic Approach to Business Policy for Growth and Expansion ［M］. New York: McGrew – Hill Press, 1965.

［6］ Antioco M. , Moenaert R. K. , Lindgreen A. , et al. Organizational Antecedents to and Consequences of Service Business Orientations in Manufacturing Companies ［J］. Journal of the Academy of Marketing Science, 2008, 36（3）: 337 – 358.

[7] Auerbach A. J., Reishus D. Taxes and Merger Decisions [M]. Oxford: Oxford University Press, 1988.

[8] Barney J. Firm Resources and Sustained Competitive Advantage [J]. Journal of Management, 1991, 17 (1): 99 – 120.

[9] Beny C. H. Corporate Growth and Diversification [M]. Princeton: Princeton University Press, 1975

[10] Berger, Philip G., Eli Ofek. Diversification's Effect on Firm Value [J]. Journal of Financial Economics, 1995, 37 (1): 39 – 67.

[11] Beston G J. The Validity of Profits – Structure Studies with Particular Reference to the FTC's Line of Business. [J]. American Economic Review, 1985 (75): 37 – 67.

[12] Caves R. E. Multinational Enterprise and Economic Analysis [M]. Cambridge University Press, 1996.

[13] Chandler A. D. Organizational Capabilities and the Economic History of the Industrial Enterprise [J]. Journal of Economic Perspectives, 1992, 6 (3): 79 – 100.

[14] Chandler A. D. Strategy and Structure: Chapters in the History of the American Industrial Enterprise [A] // Strategy and Structure: Chapters in the History of the Industrial Enterprise [M]. MIT. Press, 1962: 373 – 375.

[15] Chandler A. D. Scale and Scope: The Dynamics of Industrial Capitalism [M]. Cambridge Mass: Harvard University Press, Belknap Press, 1990.

[16] Denis D. J., Denis D. K., Sarin A. Agency Problems, Equity

Ownership and Corporate Diversification [J]. The Journal of Finance, 1997 (1): 135 -160.

[17] Edwards C. D. Conglomerate Bigness as a Source of Power [M]. Princeton: Princeton University Press, 1955.

[18] Eisenhardt K. M., Graebner M. E. Theory Building from Cases: Opportunities and Challenges [J]. Academy of Management Journal, 2007 (50): 25 -32.

[19] Faii J. and H. Lang, The Measurement of Relatedness: An Application to Corporate Diversification [J]. Journal of Business, 2000 (73): 629 -660.

[20] Fredrickson J, W. The Strategic Decision Process and Organizational Structure [J]. Academy of Management Review, 1986, 11 (2): 280 -297.

[21] Gans J. S., Stern S. The Product Market and the Market for "Ideas": Commercialization Strategies for Technology Entrepreneurs [J]. Research Policy, 2003, 32 (2): 333 -350.

[22] Gebauer H., Fleisch E., Friedli T. Overcoming the Service Paradox in Manufacturing Companies [J]. European Management Journal, 2005, 23 (5): 14 -26.

[23] Gereffi G. International Trade and Industrial Upgrading in the Apparel Commodity Chain [J]. Journal of International Economics, 1999, 48 (1): 37 -70.

[24] Giuliani E., Pietrobelli C., Rabellotti R. Upgrading in Global Value Chains: Lessons from Latin American Clusters. [J]. World Devel-

opment, 2005, 33 (4): 549 - 573.

[25] Gort M. Diversification and Integration in American Industry [M]. Princeton: Princeton University Press, 1962.

[26] Grant R. M., Jammin A. P., Thomas H. Diversity, Diversification and Profitability Among British Manufacturing Companies, 1972 - 1984 [J]. Academy of Management Journal, 1988, 31 (4): 771 - 801.

[27] Hansen R., Siew K. S. Hummel's Digital Transformation toward Omnichannel Retailing: Key Lessons Learned [J]. MIS Quarterly Executive, 2015, 14 (2): 51 - 66.

[28] Harris I. C., Ruefli T. W. The Strategy Structure Debate: An Examination of the Performance Implications [J]. Journal of Management Studies, 2000, 37 (4): 587 - 604.

[29] Hoskisson R. E., Wright M. Strategy in Emerging Economies [J]. Academy of Management Journal, 2000, 43 (3): 249 - 267.

[30] Humphrey J., Schmitz H. How does Insertion in Global Value Chains Affect Upgrading in Industrial Clusters? [J]. Regional Studies, 2002, 36 (9): 1017 - 1027.

[31] Stern I., Henderson A. D. Within - business Diversification in Technology - intensive Industries [J]. Strategic Management Journal, 2004, 25 (5): 487 - 505.

[32] Jensen M. C., Meckling O. Theory of the Firm: Managerial Behavior, Agency Costs and Capital Structure [J]. Journal of Financial Economics, 1976, 3 (4): 305 - 360.

[33] Jensen M. C. Agency Costs of Free Cash Flow, Corporate Fi-

nance and Takeovers [J]. American Economic Review, 1986, (6): 323 - 329.

[34] John Humphrey, Hubert Schmitz. How does Insertion in Global Value Chains Affect Upgrading in Industrial Clusters? [J]. Regional Studies, 2002, 36 (9): 1017 - 1027.

[35] Kallenberg R, Oliva R.. Managing the Transition from Product to Services [J]. International Journal of Service Industry Management, 2003, 14 (2): 160 - 172.

[36] Kaplinsky R., Morris M. A handbook for Value Chain Research [R]. Ottawa: IDRC, 2003.

[37] Karimi J., Walter Z. The Role of Dynamic Capabilities in Responding to Digital Disruption: A Factor - Based Study of the Newspaper Industry [J]. Journal of Management Information Systems, 2015 (32): 39 - 81.

[38] Kevin C. W. Chen, Hongqi Yuan. Earnings Management and Capital Resource Allocation: Evidence from China's Accounting—Based Regulation of Rights Issues [J]. Aoccounting Review, 2004, 74 (3): 645 - 665.

[39] Khanna T., Palepu K. Why Focused Strategies May be Wrong for Emerging Markets [J]. Harvard Business Review, 1997, 75 (4): 41 - 51.

[40] Lang L. H. P., Stulz R. Tobin's q, Corporate Diversification and Firm Performance [J]. Journal of Political Economy, 1994, 102 (6): 1248 - 1280.

[41] Lewellen W. A Pure Financial Rationale for the Conglomerate Merger [J]. Journal of Finance, 1971 (26): 521-537.

[42] Lilach Nachum. Geopraphic and Industrial Diversification of Developing Country Firms [J]. Journal of Management Studies, 2004 (41): 273-294.

[43] Madhok A. Cost, Value and Foreign Market Entry Mode: The Transaction and the Firm [J]. Strategic Management Journal, 1997 (18): 39-61.

[44] Michael Shayne Gary. Implementation Strategy and Performance Outcomes in Related Diversification [J]. Strategic Management Journal, 2005 (26): 643-664.

[45] Miller D., Shamsie J. The Resource-based View of the Firm in Two Environments: The Hollywood Film Studios from 1936 to 1965 [J]. Academy of Management Journal, 1996 (39): 519-543.

[46] Mingfang L., Simerly R. L. The Moderating Effect of Environmental Dynamism on the Ownership and Performance Relationship [J]. Strategic Management Journal, 1998, 19 (2): 169-179.

[47] Mintzberg H. Rise and Fall of Strategic Planning [J]. Bloomsbury Business Library Management Library, 1994, 3 (100): 93-106.

[48] Montgomery C. A., Wernerfelt B. Diversification, Ricardian rents, and Tobin's q [J]. General Information, 1988, 19 (19): 623-632.

[49] Neely A. Exploring the Financial Consequences of the Servitization of manufacturing [J]. Operations Management Research, 2008, 1

(2): 103-118.

[50] Oliva R., Kallenberg R. Managing the Transition from Products to Services [J]. International Journal of Service Industry Management, 2003, 14 (2): 160-172.

[51] Peng M. W. Institutional Transitions and Strategic Choices [J]. Academy of Management Review, 2003, 28 (2): 275-296.

[52] Peng M. W.. Luo Y. Managerial Ties and Firm Performance in a Transition Economy: The Nature of a Micro-macro Link [J]. Academy of Management Journal, 2000 (43): 486-501.

[53] Pensore E. The Theory of the Growth of the Firm [M]. Oxford: Oxford University Press, 1959.

[54] Porter M. E. Towards a Dynamic Theory of Strategy [J]. Strategic Management Journal, 1991, 12 (S2): 95-117.

[55] Qian G. Assessing Product-market Diversification of US Firms [J]. Management International Review, 1997: 127-149.

[56] Reiskin E. D., White A. L., Kauffman Johnson J., Votta T. J. Servicizing the Chemical Supply Chain [J]. Journal of Industrial Ecology, 2000, 3 (2-3): 19-31.

[57] Rumelt R. P. Strategy, Structure, and Economic Performance [M]. Cambrid: Harvard Business Press, 1974.

[58] Szalavetz A. Tertiarization of Manufacturing Industry in the New Economy: Experiences in Hungarian Companies [J]. Hungarian Academy of Sciences Working Papers, 2003 (5): 134.

[59] Teece D. J., Pisano G., Shuen A. Dynamic Capabilities and

Strategic Management [J]. Strategic Management Journal, 1997 (18): 509-533.

[60] Teece D. J. Economies of Scope and the Scope of the Enterprise [J]. Journal of Economic Behavior & Organization, 1980, 1 (3): 223-247.

[61] Teece D. J. Towards an Economic Theory of the Multiproduct Firm [J]. Journal of Economic Behavior and Organization, 1982, 3 (1): 39-63.

[62] Vandermerwe S., Rada J. Servitization of Business: Adding Value by Adding Services [J]. European Management Journal, 1988, 6 (4): 314-324.

[63] Watanabe C., Hur J. Y. Firm Strategy in Shifting to Service-oriented Manufacturing: The Case of Japan's Electrical Machinery Industry [J]. Journal of Services Research, 2004, 4 (1): 6-22.

[64] Wernerfelt B., Montgomery C. A. The Importance of Focus in Firm Performance [J]. The American Economic Review, 1988 (2): 246-250.

[65] Wernerfelt B. A Resource-based View of the Firm [J]. Strategic Management Journal, 1984, 5 (2): 171-180.

[66] White A. L., Stoughton M., Feng L. Servicizing: The Quiet Transition to Extended Product Responsibility [R]. U S Environmental Protection Agency Office of Solid Waste, 1999.

[67] Williamson O. E. Markets and Hierarchies : Analysis and Antitrust Implications [J]. Accounting Review, 1975, 86 (343): 619.

[68] Yin R. K. Case Study Research：Design and Methods［M］. Los Angeles：SAGE，2003.

[69] 曹艳爱：《企业多元化与专业化战略选择的思考——基于企业资源能力理论的分析》，《改革与战略》，2009年第6期。

[70] 车幼梅、龚小君：《公司资源、治理结构与多元化战略类型选择：理论与证据》，《工业技术经济》，2006年第4期。

[71] 陈传明、孙俊华：《企业家人口背景特征与多元化战略选择——基于中国上市公司面板数据的实证研究》，《管理世界》，2008年第5期。

[72] 陈洁雄：《制造业服务化与经营绩效的实证检验——基于中美上市公司的比较》，《商业经济与管理》，2010年第4期。

[73] 陈丽娴、沈鸿：《制造业服务化如何影响企业绩效和要素结构——基于上市公司数据的PSM-DID实证分析》，《经济学动态》，2017年第5期。

[74] 陈丽娴：《制造业企业服务化战略选择与绩效分析》，《统计研究》，2017年第9期。

[75] 陈漫、张新国：《经济周期下的中国制造企业服务转型：嵌入还是混入》，《中国工业经济》，2016年第8期。

[76] 陈信元、黄俊：《政府干预、多元化经营与公司业绩》，《管理世界》，2007年第1期。

[77] 陈旭东、曾春华、杨兴全：《终极控制人两权分离、多元化并购与公司并购绩效》，《经济管理》，2013年第12期。

[78] 戴德明、邓璠：《信息不对称与多元化折价关系研究——来自中国沪市上市公司的证据》，《财经研究》，2008年第4期。

［79］邓新明：《我国民营企业政治关联、多元化战略与公司绩效》，《南开管理评论》，2011年第4期。

［80］东软集团：《东软集团股份有限公司2015年年度报告》，2005。

［81］杜莉、王锋：《中国商业银行范围经济状态实证研究》，《金融研究》，2002年第10期。

［82］范香梅、邱兆祥、张晓云：《中国中小银行地域多元化风险与收益的实证分析》，《管理世界》，2010年第10期。

［83］冯米、路江涌、林道谧：《战略与结构匹配的影响因素——以我国台湾地区企业集团为例》，《管理世界》，2012年第2期。

［84］冯米、张曦如、路江涌：《战略与结构匹配对新兴市场企业集团绩效的影响》，《南开管理评论》，2014年第6期。

［85］关健、李伟斌：《所有制、市场化程度与企业多元化》，《中央财经大学校报》，2011年第8期。

［86］郭跃进：《论制造业的服务化经营趋势》，《中国工业经济》，1999年第3期。

［87］海通证券：《东软集团（600718）公司研究报告：龙头崛起，开启新变革》，2015年12月25日。

［88］韩宝山：《技术并购与创新：文献综述及研究展望》，《经济管理》，2017年第9期。

［89］韩忠雪、朱荣林：《公司多元化折价：寻租与投资偏差》，《财经研究》，2005年第11期。

［90］洪道麟、刘力、熊德华：《多元化并购、企业长期绩效损失及其选择动因》，《经济科学》，2006年第5期。

[91] 胡旭阳、史晋川：《民营企业的政治资源与民营企业多元化投资——以中国民营企业 500 强为例》，《中国工业经济》，2008 年第 4 期。

[92] 黄山、宗其俊、蓝海林：《我国企业集团行业多元化动因的分析》，《科学学与科学技术管理》，2006 年第 8 期。

[93] 贾良定、张君君、钱海燕、崔荣军、陈永霞：《企业多元化的动机、时机和产业选择》，《管理世界》，2005 年第 8 期。

[94] 简兆权、伍卓深：《制造业服务化的内涵与动力机制探讨》，《科技管理研究》，2011 年第 22 期。

[95] 江积海、沈艳：《制造服务化中价值主张创新会影响企业绩效吗？——基于创业板上市公司的实证研究》，《科学学研究》，2016 年第 7 期。

[96] 姜付秀：《中国上市公司多元化经营的决定因素研究》，《管理世界》，2006 年第 5 期。

[97] 姜铸、李宁：《服务创新、制造业服务化对企业绩效的影响》，《科研管理》，2015 年第 5 期。

[98] 蒋运通：《企业经营战略管理（第二版）》，企业管理出版社，2001 年版。

[99] 康荣平、柯银斌：《多元化经营的战略类型》，《企业改革与管理》，1999 年第 3 期。

[100] 雷良海、杜小娟：《上市公司多角化经营与经营绩效关系的实证研究》，《上海理工大学报》，2003 年第 4 期。

[101] 李靖华、林莉、闫威涛：《制造业服务化的价值共创机制：基于价值网络的探索性案例研究》，《科学学与科学技术管理》，2017

年第 5 期。

[102] 李靖华、马丽亚、黄秋波：《我国制造企业"服务化困境"的实证分析》，《科学学与科学技术管理》，2015 年第 6 期。

[103] 李善民、朱滔：《多元化并购能给股东创造价值吗？——兼论影响多元化并购长期绩效的因素》，《管理世界》，2006 年第 3 期。

[104] 李善民、朱滔：《转轨经济环境下的企业多元化分析框架》，《学术研究》，2005 年第 5 期。

[105] 李田、刘阳春、毛蕴诗：《OEM 企业逆向并购与企业升级——台升及万向的比较案例研究》，《经济管理》，2017 年第 7 期。

[106] 李小玉、薛有志、牛建波：《企业战略转型研究述评与基本框架构建》，《外国经济与管理》，2015 年第 12 期。

[107] 李新春、刘佳、陈文婷：《从基于制度到基于市场的战略创业转型——中国大型电子企业联想、海尔、TCL 案例研究》，《中国制度变迁的案例研究》，2008 年。

[108] 刘斌、魏倩、吕越、祝坤福：《制造业服务化与价值链升级》，《经济研究》，2016 年第 3 期。

[109] 刘继国、李江帆：《国外制造业服务化问题研究综述》，《经济学家》，2007 年第 3 期。

[110] 刘锦、陈志辉：《中国上市公司的多元化、相关性与绩效》，《经济管理》，2004 年第 6 期。

[111] 刘力：《多元化经营及其对企业价值的影响》，《经济科学》，1997 年第 3 期。

[112] 刘孟飞、张晓岚、张超：《中国商业银行业务多元化、经营绩效与风险相关性研究》，《国际金融研究》，2012 年第 8 期。

[113] 刘萍：《民营企业多元化经营战略利弊分析》，《学术研究》2005年第7期。

[114] 刘阳春、李健睿、金娅婷：《基于产业链延伸的企业升级研究——针对国星光电的案例研究》，《学术研究》，2013年第9期。

[115] 路甬祥：《提高创新能力，推动自主创新》，《求是》，2005年第13期。

[116] 栾志乾：《上市企业集团管理控制系统能力指数研究》，对外经济贸易大学，2015年。

[117] 罗仲伟、李先军、宋翔、李亚光：《从"赋权"到"赋能"的企业组织结构演进——基于韩都衣舍案例的研究》，《中国工业经济》，2017年第9期。

[118] 吕越、李小萌、吕云龙：《全球价值链中的制造业服务化与企业全要素生产率》，《南开经济研究》，2017年第3期。

[119] 毛蕴诗、姜岳新、莫伟杰：《制度环境、企业能力与OEM企业升级战略——东菱凯琴与佳士科技的比较案例研究》，《管理世界》，2009年第6期。

[120] 毛蕴诗、林彤纯、吴东旭：《企业关键资源、权变因素与升级路径选择——以广东省宜华木业股份有限公司为例》，《经济管理》，2016年第3期。

[121] 毛蕴诗、王华：《基于行业边界模糊的价值网分析模式——与价值链模式的比较》，《中山大学学报》（社会科学版），2008年第1期。

[122] 毛蕴诗、吴瑶：《企业升级路径与分析模式研究》，《中山大学学报》（社会科学版）2009年第1期。

[123] 毛蕴诗、郑奇志：《基于微笑曲线的企业升级路径选择模型——理论框架的构建与案例研究》，《中山大学学报》（社会科学版），2012年第3期。

[124] 彭新武：《多元化经营的利弊分析及选择要素》，《北京行政学院学报》，2010年第3期。

[125] 邱兆祥、范香梅：《中小银行地域多元化问题研究述评》，《经济学动态》，2009年第6期。

[126] 饶茜、唐柳、姜宇、刘斌：《中国上市公司多元化经营与股权结构关系的实证研究》，《经济管理》，2004年第2期。

[127] 芮明杰：《对企业多元化发展战略的再认识》，《中国工业经济》，1998年第11期。

[128] 沈洁：《企业多元化战略的协同效应分析》，《经济与管理》，2009年第2期。

[129] 宋铁波、涂佩轩、吴小节：《市场分割情境下的资源能力、行业特征与优势企业多元化战略》，《软科学》，2013年第5期。

[130] 宋莹莹、黄嫚丽、王欢：《基于制度基础观的中国民营企业多元化并购动因分析》，《科技管理研究》，2010年第24期。

[131] 苏冬蔚：《多元化经营与企业价值：中国上市公司多元化溢价的实证分析》，《经济学季刊》，2005年第10期。

[132] 孙林岩、李刚、江志斌等：《21世纪的先进制造模式——服务型制造》，《中国机械工程》，2007年第19期。

[133] 孙自愿、许若琪、张昊昊：《政府干预、资源禀赋与企业多元化战略选择：以煤企为例》，《现代财经》，2015年第3期。

[134] 覃志刚：《企业多元化经营与绩效相关性的研究》，厦门大

学博士学位论文，2005年。

[135] 田恒：《中国企业多元化经营的绩效及影响因素研究》，武汉大学博士学位论文，2014年。

[136] 汪建成、毛蕴诗：《中国上市公司扩展的业务，地域多元化战略研究》，《管理世界》，2006年第2期。

[137] 王布衣、沈红波：《公司多元化战略国外文献综述》，《技术经济与管理研究》，2007年第2期。

[138] 王永健：《企业能力、管理者认知与地域多元化：中国市场分割条件下的实证研究》，华南理工大学博士学位论文，2014年。

[139] 魏成龙、刘建莉：《中国商业银行的多元化经营分析》，《中国工业经济》，2007年第12期。

[140] 武亚军、李兰、彭泗清、潘建成、韩岫岚、郝大海：《中国企业战略：现状、问题及建议——2010年中国企业经营者成长与发展专题调查报告》，2010年。

[141] 武亚军、吴剑峰：《转型经济中的战略规划与企业绩效：基于中国制造企业的实证分析》，《南开管理评论》，2006年第2期。

[142] 武亚军：《"战略框架式思考"、"悖论整合"与企业竞争优势——任正非的认知模式分析及管理启示》，《管理世界》，2013年第4期。

[143] 武亚军：《战略规划如何成为竞争优势：联想的实践及启示》，《管理世界》，2007年第4期。

[144] 武亚军：《中国本土新兴企业的战略双重性：基于华为、联想和海尔实践的理论探索》，《管理世界》，2009年第12期。

［145］肖挺、刘华、叶芃：《制造业企业服务创新的影响因素研究》，《管理学报》，2014年第4期。

［146］肖星、王琨：《关于集团模式多元化经营的实证研究——来自"派系"上市公司的经验证据》，《管理世界》，2006年第9期。

［147］徐康康：《上市企业集团多元化经营与绩效关系的比价研究》，复旦大学博士学位论文，2006年。

［148］徐振鑫、莫长炜、陈其林：《制造业服务化：我国制造业升级的一个现实性选择》，《经济学家》，2016年第9期。

［149］宣烨、孔群喜、李思慧：《加工配套企业升级模式及行动特征——基于企业动态能力的分析视角》，《管理世界》，2011年第8期。

［150］薛有志、周杰：《产品多元化、国际化与公司绩效——来自中国制造业上市公司的经验证据》，《南开管理评论》，2007年第3期。

［151］杨震宁、赵红、徐俪菁：《跨国技术战略联盟风险、合作障碍与稳定——跨案例研究》，《经济管理》，2017年第8期。

［152］姚俊、吕源、蓝海林：《我国上市公司多元化与经济绩效关系的实证研究》，《管理世界》，2004年第11期。

［153］尹义省：《中国大型企业多角化实证研究——兼与美国大公司比较分析》，《管理工程学报》，1998年第3期。

［154］袁富华、张平、刘霞辉、楠玉：《增长跨越：经济结构服务化、知识过程和效率模式重塑》，《经济研究》，2016年第10期。

［155］韵江：《战略过程的研究进路与论争：一个回溯与检视》，《管理世界》，2011年第11期。

[156] 周大鹏:《制造业服务化对产业转型升级的影响》,《世界经济研究》,2013年第9期。

[157] 邹昊、杨锡怀、才金正:《多元化战略及其与企业绩效的关系》,《经济管理》,2007年第11期。